清·段長基 著
王彩琴
張虹
張艷
席德育 點校

歷代一統表之一

歷代統紀表（六）

全國高校古籍整理研究委員會資助項目
河南古都文化研究中心學術文庫成果
白河書齋河洛文獻系列叢書之三

文物出版社

歷代統紀表卷之十二

偃師段長基述　孫 鼎鑰 鼎鈞 校刊

元世祖文武皇帝。○注：名忽必烈，太祖鐵木真孫，拖雷第四子。都燕京。至元十七年庚辰，滅宋。又在位一十五年，壽八十一，凡九傳，共八十九年。		
編年紀事。	異姓臣。	異國王。
庚辰，至元十七年，春正月，詔阿里海涯所俘户口放為民。	都元帥張宏範卒。	
三月，帝如上都。○注：是時，元都燕京，宗社係焉，百官居焉，縱使上都乃祖宗之地，既都于燕，則彼當為行在，安可復行上都乎？	陝西運使郭琮殺安西王相趙炳詔逮琮，誅之。	
遣使窮①河源。		

御批

①窮：尋根究源。

○注：招討使都實受命，行四閱月始抵其地。既還，圖其形勢，來上自河之發源，以至中國分流伏脈，較若列眉。秋七月，以郝禎、耿仁為左丞相。○注：阿合馬[2]援引以為黨也。八月，集賢大學士兼國學監祭酒許衡致仕。○注：衡以疾乞致仕，皇太子以其子師可為懷孟路總管，以便侍養。翰林學士承旨姚樞卒，謚文獻。九月，帝還大都。冬十月，以阿利罕為右丞相，復大發兵日本。

姚樞卒。

發兵擊日本。

漢之張騫、唐之蔡[1]元鼎，所訪河源，不過三門關外，紀載寥寥。元之都實远履發源之地，紀其分流伏脈，歷歷可考。較之往代，相去懸隔，論者乃以為無益，何也？

①『蔡』当作『薛』。②阿合馬：元朝大臣，世祖忽必烈時期近臣之一。

○注：時高麗王䁊朱[1]朝，願益兵供擊之。加䁊行省右丞相。行授時歷。十一月，平章政事廉希憲卒。○注：伯顏曰：『廉公，宰相中真宰相，男子中真男子。』十二月，殺江淮行行省平章政事阿里伯、右丞燕帖木兒、左丞崔斌。○注：俱阿合馬誣陷之也。昭文館大學士竇默卒。○注：帝嘗曰：『朕求賢三十年，得一竇漢卿及李俊民。如竇漢卿之心，姚公茂之才，合而為一，可為全人矣。』累贈太師，封魏國公，謚文正。辛巳，十八年，春二月，皇后弘吉剌氏崩。

廉希憲卒。

竇默卒。

時高麗王䁊來朝，願益兵供擊之。加䁊行省右丞相。

①『朱』當作『來』。下同。

○注：按：弘后不樂見宋太后全氏母子。至京，不忍視宋庫寶物，不忍奪軍民所分之業。其賢豈出宋杜太后之下乎？遣皇太子行邊。三月，許衡卒。○注：卒年七十二。後贈司徒，封魏國公。帝如上都。秋七月。

閏月，帝還大都。冬十二月，以甕吉剌帶為右丞相，阿合馬為左丞相。

許衡卒。

阿剌罕卒于軍。八月，諸將棄師于海島而還。

壬午，十九年，春二月，帝如上都。三月，益都千户王著殺阿合馬于闕下。○注：著亦可謂殺身成名，死而不悔者也，不義與之，可乎？夏四月，甕吉剌帶罷，以和禮霍孫為右丞相。以張雄飛參知政事。六月朔，日食。秋七月朔，日食。八月，帝還大都。九月。

遣諸王相塔晉兒擊緬。詔戮阿合馬屍，遂窮治其黨。

詔戮阿合馬屍，遂窮治其黨。

俱藍國入貢。○注：海外諸蕃，惟俱藍尤遠，自泉州至其境，約十萬里，招討使楊庭璧三往招之，遂遣使貢寶及黑猿一。

冬十月，復以耶律鑄為左丞相，以宋衍聖公孔洙為國子祭酒，提舉浙東學校。十二月，殺宋少保樞密使信國公文天祥。○注：天祥留京三年，坐臥小樓，足不履地。元世祖欲釋之。忽有中山狂人自稱宋王，欲取文丞相。元乃殺之于柴市。其衣帶中有贊曰：『孔子成仁，孟曰取義，惟其義盡，所以仁至。讀聖賢書，所學何事？而今而後庶幾無愧。』卒年四十七。其妻歐陽氏收其屍，面如生。尋有張毅甫負其骨，歸葬吉州。會家人亦自惠舁母曾夫人之柩，同日至城下。人以為忠孝所感云。

以札散同平章政事。徵處士劉因為右贊善大夫，尋辭歸。始海運。

癸未，二十年，春正月，立弘吉剌氏為皇后。〇注：時帝春秋高，后頗預朝政，相臣常不得見帝，輒因后以奏事焉。初，弘吉剌之族從太祖起兵，有功，尋立其女為后，生男，世尚公主。』故元世諸后多其族焉。三月，帝如上都。夏四月，罷採民間女子。

復命高麗王賰及阿答海發兵擊日本。

冬十月，帝還大都。耶律鑄有罪，免。十一月。

甲申，二十一年，春正月，群臣上尊號。二月，遷宋宗室及大臣之仕者于内地。三月，帝如上都。秋七月。

八月，帝還大都。九月，京師地震。

相荅吾兒擊緬，破之。西南夷十二部俱降。

詔封子脱歡為鎮南王，假道安南，擊占城。

冬十一月，和禮霍孫、張雄飛等罷。復以安童為右丞相，盧世榮為右丞，史樞為左丞，撒的迷失、廉希恕並參知政事。十二月，宋太皇太后謝氏卒于燕。

乙酉，二十二年，春正月，以阿必失合為平章政事。二月，立規措所，謂規畫錢穀也。帝如大都。復以㸚吉剌帶為左丞相。夏五月。

脱歡軍次安南，陳日烜分兵拒①之。

脱歡兵擊陳日烜，敗走之，遂入其城而還。

脱歡兵擊陳日烜，敗走之。

①拒：抵抗、抵擋。

秋八月，帝還大都。冬十一月。

十二月，太子真金卒。○注：阿合馬之党谋危太子。太子以憂卒，年四十三。集僧四萬作資戒會。○注：世祖上不敬天，下不庇子，内受制于其妻，而欲求媚鬼神，將誰欺哉？

丙戌，二十三年，春正月，詔罷征日本。大舉兵，伐江南，不果行。

日烜遣兵來追，唆都、李恒戰死。

盧世榮伏誅。○注：世榮專横，罪不容誅。世祖納陳天祥之言，親鞫而戮之，亦足以見其明决也。以哈剌哈孫為大宗正。

○注：日烜之弟陳益稷率其屬來歸。

遣侍御史程文海訪求江南人才。三月，帝如上都。秋七月，免左丞甕吉剌帶、平章政事阿必失合。

○注：世祖惑于桑哥之誣奏也。○總制院使桑哥，膽巴國師弟子也。為人狡黠豪橫，好言財利。帝深喜之，遂有大任之意。九月。

冬十月，帝還大都。河決。

海外諸番入貢。

○注：諸番：曰馬八兒，曰須門那，曰僧急里，曰南無力，曰馬蘭丹，曰那旺，曰丁阿兒，曰來來，曰急蘭亦䚟，曰蘇木都剌等，凡十四國，因楊庭璧屢奉詔招之，俱入貢。

○注：衝突[1]河南郡縣凡一十五處。

丁亥，二十四年，春正月。

二月，以麥朮督丁為平章政事。閏月，復置尚書省，以桑哥、鐵木兒并為平章政事。阿魯渾薩里為右丞，葉李為左丞，馬紹參知政事。初置國子監，以耶律有尚為祭酒。

復詔脱歡督諸軍擊安南，屢戰敗之，陳日烜棄城走。

脱歡督軍擊安南，陳日烜棄城走。

①衝突：水流冲击堤岸。

設江南各路儒學提舉司。帝如上都。夏四月，諸王乃顏反。五月，帝自將討平之。冬十月，檢覈①中書錢穀，殺參知政事郭佑、楊居寬。十一月，以桑哥為尚書右丞相，阿魯渾薩里平章政事，葉李為右丞，馬紹為左丞。左丞相阿朮卒。○注：追封河南王。

戊子，二十五年，春正月，帝畋②于近郊。二月，毀宋故宫為佛寺。

諸王乃顏反。

阿朮卒。

①覈：（hé）異體字，與『核』同，核實；檢驗。②畋：（tián）打獵。

○注：復欲取高宗所書『九經』石刻為浮屠基，杭州府推官申屠致遠①力拒止之。

二月，帝還宫，遂如上都。

夏四月，徵宋江西招諭使、知信州謝枋得，辭不至。詔皇孫鐵木耳行邊。

五月，河決汴梁。

秋九月，帝還大都。

置徵理司。冬十月，遣使鈎考諸路錢糧。

脱歡引軍還，陳日烜邀擊，敗之。尋遣使謝罪。

皇孫鐵木耳行邊。

南臺御史中丞劉宣自殺。○注：宣忠義節操，為世所重，聞者莫不悼惜。延祐中，賜謚『忠獻』。

①申屠致遠：著名元朝大臣。元世祖忽必烈南征時，被經略使乞實力台薦為經略司知事。人稱『忍齋先生』。

○注：奸臣興利之計，如出一轍，前有盧世榮立規措所，後有桑哥置徵理司。厥後桑哥誅戮不異盧世榮，以其造惡同也。後之欲言利以固寵者，當以盧、桑為戒①。遣瀛國公趙㬎學佛于吐蕃。

十二月。

己丑，二十六年，春正月，地震。開會通河。○注：起須城縣安山西南，由壽張西北至東昌，又西北至臨清，司②汶水以達御河，長二百五十里。

二月，帝如上都。以中書伯顏知樞密院事，將兵鎮和林。

以董文用為御史中丞。

①戒：通假字，通『誡』，此處為規勸告誡之文之意。②司：『引』之意。

以伯荅兒為中書平章政事。夏四月，福建參知政事魏天佑執宋謝枋得至燕，不屈，死之。○注：初，天佑見時方求才，欲薦謝枋得為功。遣使誘枋得入城，與之言。坐而不對，或嫚言無禮。天佑不能堪，逼之北行。枋得以死自誓，至燕五日，不食，死。子定之護骸骨，歸葬信州。五月，以忻都為尚書左丞，何榮祖參知政事，張天佑為中書省參知政事。六月，海都寇邊，帝自將討之。閏十月，帝還大都。

○注：帝幸大聖壽寺、萬安寺。

庚寅，二十七年，夏四月，帝如上都。河北十七郡蝗。秋八月朔，日食。地大震。○注：武平尤甚，地陷，黑沙水涌出，壞官署四百八十間，民居不可勝計，壓死溺傷者數十萬人。九月，赦天下。帝還大都。安童罷。大水。是歲天下户口之數。○注：户一千三百一十九萬六千二百有六，口五千八百八十二萬四千七百一十有一，而山澤溪洞之民不與焉。自宋宣和至至元一百六十餘年，較宣和不能三分之一。江南民流者四十五萬餘人。

辛卯，二十八年，春正月，桑哥及阿魯渾薩里、葉李以罪免。二月，罷徵理司。以完澤為尚書左丞相，不忽木平章政事。帝如上都。

三月。

夏五月，復徵劉因①為集賢學士，辭不至。○注：劉因以道自尊，世祖能遂其志，可謂兩得矣。下桑哥獄，逮其黨要木束②，誅之。

逮西僧楊璉珈下獄，尋釋之。

①劉因：字夢吉，號静修，元代著名理學家、詩人。

②『要木束』，當做『要束木』。

罷尚書省，命右丞相完澤等并入中書。頒行『至元新格』。○注：右丞何榮祖以公規、治民、禦盜、理財等十事輯為一書，奏頒行之。

秋七月，桑哥伏誅。

八月，平陽地震。○注：壞民居萬八百餘，逼壓死一百五十人。

九月，以咱喜魯丁為平章政事。

冬十月，以雪雪的斤為平章政事。

十二月，蠲①瀛國公田租。

遣使招諭琉球。

遣禮部尚書張立道使安南，徵其王入朝。○注：安南王陳日烜死，其子日燇襲位。

①蠲：(juān)通『捐』，除去、驅出、去掉。

壬辰，二十九年，春正月朔，日食。開通惠河。二月，以亦黑迷失、史弼、高興并為福建行省平章政事，將兵擊爪哇。三月，誅桑哥党納速剌丁等。麥朮督丁罷，以鐵哥、剌真并為平章政事。帝如上都。徵集賢學士楊恭懿參議中書省事，辭不至。

○注：恭懿，奉元人。至元初，與許衡俱被召，屢辭不起。太子真金令有司以漢聘『四皓』故事聘之。至京師，與定科舉之議，乃考正歷法。歷成，授以集賢學士，即辭歸，自是復屢召之，皆不起。

①四皓：用『商山四皓』來泛指有名望的隱士。

閏夏六月。秋八月，帝還大都。九月。

冬十二月，以張珪為江淮行樞密副使。○注：珪，宏範子。

癸巳，三十年，春正月，右丞相安童卒。

改封梁王甘麻剌為晉王，鎮北邊。○注：甘麻剌，太子真金長子也。

諸王明里鐵木兒附海都以叛。詔伯顏討之。

安童卒。

安南遣使入貢。○注：張立道至安南，見日燇，以言責之，且要其入朝。日燇懼，遣其臣何惟嚴、阮代之，隨立道上表謝罪。復遣吏部梁曾等使安南，徵其王入朝。○注：時以張立道既還，雖遣使來貢，而日燇不至，故復遣使往徵之。

始置社稷。

二月，以楊璉真加子暗普為江浙行省左丞。帝如上都。

夏四月，劉因卒。○注：延祐中，謚文靖。

六月，詔皇孫鐵木耳撫軍北邊。召伯顏還，以玉昔帖木兒代之。

秋七月，以月赤察兒知樞密院事。

八月。

以楊璉真加子暗普為江浙行省左丞。○注：尋以江南民怨楊璉真加，罷之。

安南遣使入貢，詔安置于江陵，復議舉兵伐之。○注：廷臣以梁曾復徵日燇，卒不至，遂拘留其使者陶子奇于江陵。

九月，帝還大都。

冬十月，彗出紫薇垣。

十一月，以伯顏為平章政事。

甲午，三十一年，春正月，帝崩。

葬起輦谷①。

○注：元太祖葬處，不加築為陵。諸帝皆從葬于是。

廟號世祖，國語曰『薛禪皇帝』。梁寅曰：『元之天下，殊方絕域，靡不臣服。輿圖之廣，亘古所無。』然世祖之約，不以漢人為相，故為相皆國族，而又不置諫官，使宣直路塞文學之士，雖世世不乏而沉于下僚，莫究其用，所賴以為用者，唯吏師而已。其為法如是，是以朝皆苟且之政，而士無蹇諤之風，官有貪婪之實，而吏多欺誑之文。將永保萬邦，比隆三代，無乃未之思乎？

①起輦谷：《元史·本紀》所記載的葬成吉思汗及其汗位繼承者們靈柩的元代諸帝陵所在地。

御史中丞崔彧得傳國璽，獻之。

〇注：時木華黎曾孫碩德已死而貧，其妻出一玉璽鬻之。或以告彧，彧使楊恆辨之，曰：『此乃歷代傳國璽也。』遂以獻之，故太子妃弘吉剌氏妃以徧示羣臣，丞相以下次第慶曰：『神寶之出，實當東宮宴駕之後，此乃天，竟屬于皇太孫也。』乃遣右丞張九思賫授之。按：傳國璽，五代唐主從珂攜之，登元武樓，自焚死。于時璽已無矣。後之得國者，各自製焉，此日得之僞也。

夏四月，皇孫鐵木耳即位于上都。大赦，追尊皇考曰『裕宗皇帝』，尊母弘吉剌氏曰『皇太后』。

五月，以玉昔帖木兒為太師，伯顏為太傅，月赤察兒為太保。

①賫(jī)把東西送給別人。

御批

六月，復以帖木兒為平章政事。賜宋使臣家鉉翁號處士，遣還鄉。

○注：鉉翁奉使至元，至是賜處士還鄉，則其在元之高致可想見矣。趙孟頫合亦慚于地下。

秋七月，詔中外崇奉孔子。不忽朮罷為陝西平章政事，尋復留之。冬十月，帝至自上都。以何瑋為參知政事，伯顏察兒參議省事。

十二月，太傅知樞密院事。

大將統數十萬眾，摧堅陷陣，能不妄殺者，元之伯顏，宋之曹彬可以并稱。至其勞而不伐，若不知有平宋之功，則又卓然獨步。

伯顏卒。○注：伯顏善將大兵，不嗜殺人，勞而不伐，有功而不德，宋曹彬以後一人而已。卒，贈太師，追封淮安王，謚『忠武』。

元成宗皇帝。○注：名鐵木耳，世祖太子真金之第三子。在位一十三年，壽四十三。

乙未，元貞元年，春正月，以劉國傑為湖廣平章政事。○注：國傑在湖廣，周四境皆有老戍，制度周密，諸蠻不能復寇。

二月，帝如上都。三月，閏月，蘭州河清。○注：上下三百里，凡三日，非瑞也，所以著元運之衰也。

留夢炎致仕。○注：在元為翰林學士承旨。

安南入貢。

六月，陝西旱饑。秋九月，帝還大都。冬十一月，玉昔帖木兒卒。十二月，立皇后伯岳吾氏。

丙申，二年，春正月，詔諸王、公主、駙馬毋輒罪官吏。二月，以不忽木為昭文館大學士、平章軍國事，段貞為平章政事。○注：元之狂瀾未倒者，不忽木為之砥柱也。

丁酉，大德元年，春正月，以也先帖木兒為平章政事。帝如上都。太后幸五臺山。

玉昔帖木兒卒。

〇注：監察御史李元禮諫有五不可，可謂善矣。秋九月，帝還大都。禁諸王、駙馬奪民田。

戊戌，二年，春二月，以張九思、梁德珪并為平章政事。罷中外土木之役。帝如上都。開鐵幡竿渠①。〇注：前因完澤之言而罷土木之役，此因郭守敬之言而開鐵幡竿渠，則其易惑難曉，朝令夕改，不于此而可見乎？夏五月，以何榮祖為平章政事。

秋七月，大雨，河決。

以吳元珪為吏部尚書。〇注：請謁悉絕。

召高麗王謜入朝。

①鐵幡竿渠：郭守敬在宋代『統天曆』和紮馬魯丁『萬年曆』的基礎上，完成曆法改造。

江西浙江大水。

九月，帝還大都。

彗星見①。○注：七月至此，三異迭出，災異何其多也。

己亥，三年，春正月，遣使問民疾苦。以哈剌哈孫為左丞相。二月，帝如上都。秋七月，放江南僧寺、佃户五十萬為編民。○注：皆楊璉真伽冒入寺籍為佃户也。

八月朔，太史奏日食，不應。九月，帝還大都。

御批

凡日月之再屬，

駙馬高唐王闊里吉思勒兵備邊，遇寇，敗没。

○注：高麗王昛既傳國于其子謜，有言謜僭設司空、司徒等官，而又擅殺其臣金吕。中書請詔謜入朝，因留不遣。復以昛為高麗王。

①見：通假字，通「現」，出現。

厥有定數，若日食二分有奇，其象甚微，且當巳時，陽光方盛，仰觀未明，遂以當食不食為說，可謂浮誕矣。今日食不及三分，皆不報，不入占，誠為有見。

冬十二月，以阿魯渾薩里為平章政事。

庚子，四年，春二月，皇后弘吉剌氏崩。三月，帝如上都。夏四月，以不蘭奚為平章政事。

五月，昭文館大學士平章渾國事不忽木卒。

命兒子海山鎮漠北。

不忽木卒。

緬阿散哥也弒其王的立普哇拿，阿迪提牙遣雲南平章政事薛超兀兒等發兵討之。○注：初，緬人僧哥倫作亂。緬王執其兄阿散哥也，尋釋之。阿散哥也乃率其黨囚王于豕牢，弒之。王次子奔愬于京師，詔薛超兀兒討之。

閏月，帝還大都。				
冬十二月。			遣雲南行省左丞劉深將兵擊八百媳婦①。	
辛丑，五年，夏五月。			劉深兵次順元，壐酋，宋隆濟等連兵反。	
秋七月。			詔薛超兀兒移兵，伐金齒諸蠻。	
八月，彗出于井，入紫薇垣。				海都復大舉入寇，海山大破之，海都走死。
九月。			免薛超兀兒為庶人。	

①八百媳婦：是泰國歷史上的一個曾經控制泰北地區的王國，也是泰族早期的一個強大的政權。

冬十一月。

壬寅，六年，春正月。

二月，帝有疾。

夏四月，帝如上都。五月，太廟寢殿災。冬十月，帝還大都。

癸卯，七年，春二月，以阿老瓦丁、木八剌沙并為平章政事。

三月，遣使巡行天下。

遣劉國傑率師討宋隆濟及蛇節。

劉深引兵還，陳天祥諫伐西南夷，不報。

西南夷俱叛，遣陝西行省平章政事也速解等討平之，免劉深等官。

劉國傑敗宋隆濟及蛇節于特墨川，擒斬之。

○注：罷贓污官吏萬八千四百七十三人，審冤獄五千一百七十六事。復以鐵哥為平章政事。帝如上都。

蘭谿處士金履祥①卒。○注：履祥少從學同郡王柏及何基之門，得朱熹之傳。居仁山下，學者因稱仁山先生。至正中，賜謚『文安』。

夏閏五月，右丞相完澤卒。○注：與不忽木等賢，然因劉深之見，開西南夷之釁，乃其所短也。

秋七月，以哈剌哈孫為右丞相，阿忽台為左丞相。八月，地震。○注：平陽、太原尤甚，村堡移徙，地裂成渠，壞廬舍萬八百區，人民壓死者不可勝計。

金履祥卒。

完澤卒。

篤哇遣使乞降。

①金履祥：字吉父，號次農，自號桐陽叔子。『北山四先生』之一，宋、元之際的學者。

九月，帝還大都。復以木八刺沙為平章政事。

十二月，彗星見。

甲辰，八年，春正月，地震。○注：平陽尤甚。二月，帝如上都。夏五月朔，日食。秋九月，帝還大都。以阿里爲平章政事。

遣翰林學士王約使高麗，徵其臣吴祈入朝，尋流之安西。○注：眶既復位，厚斂淫刑，國人群愬①于朝，因得其國相吴祈專權、離間王父子狀。

①『愬』同『訴』。

冬十月，

乙巳，九年，春二月，建天壽萬寧寺。三月，帝如上都。隕霜殺桑。○注：般陽、益都、河間諸路，凡殺桑二百四十一萬七十餘本。按：僖三十三年冬，書隕霜不殺草，言宜殺而不殺也。定元年冬，書隕霜殺菽，言未可以殺而殺也。今三月，霜不可以降，桑不可以殺，竟隕霜殺桑至二百四十餘萬，下干上之證也。後二十年成宗宴駕，諸王爭立，其應豈不明與？夏四月，大同地震。○注：有聲如雷。始定郊祀禮。六月，立子德壽為皇太子。

立海山為懷寧王。

秋七月，以段貞、八都馬辛并為平章政事。

八月，給曲阜林廟灑掃户。

九月，帝還大都。

冬十二月，太子德壽卒。

丙午，十年，春閏正月，以徹里、阿散并為平章政事。

二月，帝如上都。

夏五月。

秋八月，開城地震。○注：先是晉寧、冀寧及諸郡地數震。至是，開城大震。壞王宮及官民廬舍，壓死五千餘人。

命兄子愛育黎拔力八達，居懷州。○注：荅刺麻八剌次子海山母弟也。

太子德壽卒。

遣高麗王謜還國，復置征東行省。○注：高麗王昛死，遂遣謜還。仍置行省鎮撫之。謜尋更名章。

冬十一月，帝還大都。十二月，有疾。

丁未，十一年，春正月，帝崩。右丞相阿忽台等謀，奉皇后臨朝，以安西王攝政。右丞相哈剌哈孫遣使迎懷寧王海山于漠北，及其弟愛育黎拔力八達于懷州。○注：是時，成宗既崩，儲嗣久闕，懷寧王兄弟，乃順宗之子、成宗之姪，天理人心，皆當迎立。今皇后既有宿憾，忽台相與協仝①，則是皆助逆之人也，苟非哈剌哈孫潛往迎之，則亂臣賊子之謀遂矣。

安西王阿難答及諸王明里帖木兒入朝。○注：后召入京師，欲立之也。

①『仝』與『同』同。

二月，愛育黎拔力八達至自懷州。誅忽台等，執阿難答歸於上都。夏五月，懷寧王海山至上都，廢皇后伯岳吾氏，居東安，殺之。誅安西王阿難答及諸王明里帖木兒。遂即位，大赦。追尊考曰順宗皇帝，尊母弘吉剌氏為皇太后，加哈剌哈孫、朶兒海并太傅，阿沙不花太尉。以塔剌海為左丞相，沐兀兒、乞台普濟、明里不花并平章政事。

六月，立弟愛育黎拔力八達為皇太子。以沐兀兒、不蘭奚并為平章政事。

秋七月，封禿剌為越王，左遷右丞相，哈剌哈孫為和林左丞相，以月赤察兒為和林右丞相，進爵淇陽王。以塔剌海為右丞相，塔思不花為左丞相，塔失海牙教化法、忽魯丁別不花并平章政事。

制加孔子號曰『大成』。

封禿剌為越王。

進月赤察兒爵為淇陽王。

馬謀沙以角觝屢勝，遥授平章政事。沙的以伶官爲平章政事。○注：自古未有以伶人爲平章者。

賜諸王《孝經》。以塔海爲平章政事。九月，帝至自上都。冬十月，命皇太子領中書令。徵處士蕭𣂏為太子右諭德。〇注：𣂏，陝西春元人。初為府史，語當道不合，即引退。力學三十年，不求仕進，屢徵不起。至是，徵為右諭德，疾作，固辭而歸。卒，謚『貞政』。

武宗皇帝。〇注：名海山，世祖之孫，成宗之姪。在位五年，壽三十一歲。尋以太子請復入中書，既又賜爵『康國公』。戊申，至大元年，春正月，以阿沙不花爲右丞相，行御史大夫事。

三月，帝如上都。以脱脱木兒為平章政事。

夏六月，隴西、雲南地大震，加宦者李邦寧爲大司徒，兼左丞相。

秋七月，皇子和世㻋請括河南田，詔止之。以答不花為右丞相，乞台普濟為左丞相。

八月，諸路水、旱、蝗。

九月，帝還大都。

冬十月。

加宦者李邦寧大司徒，兼左丞相。

西僧教瓦班為翰林學士承者。〇

注：自古未有以僧為翰林學士者。

以乞台普濟為右丞相，脱脱為左丞相。

閏月，太傅哈剌哈孫卒，○注：謚『忠獻』。詔有司贖饑民所鬻子女。以赤因帖木兒為平章政事。

己酉，二年，春正月，越王禿剌有罪，賜死。始親享太廟。○注：謝受尊號也。帝如上都。

秋七月，河決歸德，又決封邱。

越王禿剌有罪，賜死。

月赤察兒攻察八兒諸部，漠北悉平。

八月，復置尚書省，以乞台濟為右丞相，脱虎脱爲左丞相。三寶收樂實爲平章政事，保八為右丞，忙哥鐵木兒爲左丞，王羆參知政事。○注：書復置尚書省，以明其不宜置也。今所用之者，皆時之小人。自是，群小用事，變更制度，而天下由是多事矣，故備書以譏之。質江南富民子為軍。○注：從樂實之言也。冬十一月，以阿散為尚書左丞相，行中書平章政事。十二月，帝親饗太廟。

庚戌，三年，春正月，徵李孟入見，以爲平章政事同樞密院事。○注：李孟，太子之傅也。先是，哈刺哈孫使至懷州，太子愛育黎拔力八達疑未行，其傅李孟曰：『宫車宴駕，太子遠在萬里，殿下當急還官庭，以安人心。』太子乃奉其母還大都。既而，大事已決，俾①李孟參知政事，以鑾輿未至，不敢冒大任，固辭弗許。遂逃去，不知所之。至是，因太子思之，搜訪得于許昌陘山，召見，乃有是命。

立皇后弘吉刺氏。

二月，以樂實為尚書丞相。

三月，帝如上都。

寧王濶濶出謀反，流於高麗。

賜諸王察八兒幣帛。

①俾：（bǐ）使，把。

夏五月，詔尚書省右丞相脱虎脱，左丞相三寶為總百司庶務。○注：尋加脱虎脱太師，爵義國公。三寶為爵楚國公。荊襄大水，山崩。

秋九月，帝還大都。

冬十一月，始以太祖配享南郊，城中都。

辛亥，四年，春正月，帝崩。○注：廟號武宗，國語曰『曲律皇帝』。皇太子罷尚書省，誅脱虎脱、三寶奴、樂實、保八、王羆，流忙哥鐵木兒于海南。

殺大都留守鄭阿兒思蘭。○注：中外寃之。

○注：脱虎脱等變亂舊章，流毒百姓，其罪已甚矣。適太子知其弊而流之誅之，是乃撥亂反正之宏綱，古今人心之天理，斯世寧不為之一快？

罷城中都。以鐵木迭兒為右丞相。完澤、李孟并為平章政事。召先朝舊臣程鵬飛等十五人。○注：程鵬飛、董士選、李謙、張驢、陳天祥、尚文、劉正、郝天挺、董士珍、蕭𣂏、劉敏中、王思謙、韓從益、趙君信、程文海。天祥等五人不至。

二月，罷康里脱脱為江浙行省左丞相。

三月，皇太子即位，大赦。○注：皇太后欲用陰陽家令太子即位。既即位，親解所御衣，及只孫衣二十襲，金帶一賜之。

寧夏地裂。遣宦者李邦寧釋奠於孔子。○注：邦寧既受命行禮，方就位，忽大風起，殿下及兩廡燭盡滅，燭臺底鐵鐏入地尺許，無不拔者。邦寧悚息伏地，諸執事者皆伏。良久風息，乃成禮。邦寧因慚悔累日。

秋閏七月，賜李孟爵秦國公，增國子生為三百人。

九月。

還陳益稷舊賜田。○注：益稷，安南王，陳日烜之弟。自世祖遣脱歡兵擊安南，日烜敗走，其弟益稷率其屬來歸，詔居益稷于鄂州，賜漢陽田五百頃，封為安南王。

事。冬十一月，復以阿散為平章政事。

仁宗皇帝。○注：名愛育黎拔力八達，武宗之弟，在位九年，壽三十六。

壬午，皇慶元年，夏四月，帝如上都。五月，以阿散為左丞相，張驢為平章政事。秋七月，帝還大都。冬十二月，李孟罷，以張珪為平章政事。

癸丑，二年，春二月，鐵木迭兒罷。

侯平定其國，以兵納之。後為有司拘所授田，就食無所，至是，帝詔復之。

以秃忽魯為右丞相，立皇后弘吉剌氏。

夏四月，帝如上都。五月，以烏伯都剌為平章政事。六月，京師地再震。詔以周敦頤、程顥、程頤、張載、邵雍、司馬光、朱熹、張栻、吕祖謙、許衡并從祀孔子廟廷。秋八月，帝還大都。冬十一月，詔行科舉。

甲寅，延祐元年，春正月，詔求遺逸。二月，秃忽魯罷，以阿散為右丞相，趙世延參知政事。

三月，帝如上都。

夏六月，勅自今宦官勿得授文階。

秋八月，帝還大都。地震。

九月，復以鐵木迭兒爲右丞相，阿散爲左丞相。

冬十二月，復以李孟為平章政事。詔定官民車服之制。

乙卯，二年，春正月，遣使巡行天下，分十一道，問民疾苦。

復以齊履謙為國子司業。○注：議定升齋積分之法。

三月初，賜進士護都沓兒、張起巖等五十六人及第，出身有差。○注：元自混一以來，歷三主四十餘年，未嘗行科取事。前書初詔行科舉，此書初賜進士，仁宗可謂有元文明之主矣。

夏四月朔，日食。帝如上都。

五月，成紀縣山移。○注：是夜，疾風雹雹，北山南移，次日再移，平地突出土阜，高二三丈。

秋七月，畿内大雨水。

八月，帝還大都。

加宦官續元暉昭文館大學士。○注：與『宦官勿授文階』之勅背矣。

以趙世延為御史中丞。

冬十一月，彗星見紫薇垣，赦。立武宗子和世㻋為周王，出鎮雲南。○注：仁宗繼兄承大統，至是封其兄子為王，出鎮于外，欲立子碩德八剌爲太子也。此即宋太宗之所爲，其有負于武宗者多矣。

丙辰，三年，春二月，帝如上都，平章政事張珪謝病歸。○注：進拜大司徒。

秋八月，帝還大都。

冬十月。

武宗子和世㻋出鎮雲南。○注：世㻋，武宗長子。初，武宗既立太弟愛育黎拔力八達為太子，後三寶奴復勸立和世㻋，康里脱脱阻之，因立太子。至是，鐵木迭兒徼寵，請立皇子碩德八剌，又與太后幸臣失烈門譖王于兩宮，遂封爲周王，出鎮雲南。

太史公郭守敬卒。○注：守敬之學，長于天文、水利，度越往古，以成一代之制。

以趙孟頫為翰林學士承旨。

十二月，立子碩德八刺爲皇太子。

丁巳，四年，春三月，帝如上都。

夏五月，以赤因鐵木兒、阿卜海牙并爲平章政事。

六月，鐵木迭兒罷，以阿散為右丞相。

秋七月，李孟罷，以王毅爲平章政事。

周王和世㻋逃居漠北。○注：聽其臣禿忽魯之言，謀逆不成，逃居漠北，此又不如趙德昭遠矣。

○注：子昂以宋宗室臣事讐，元不知修史至張宏範襲厓山之日，其視陸秀夫、張世傑為何如人也，嗚呼悲哉！

八月，帝還大都。九月，以伯荅沙為右丞相，阿散復為左丞相。嶺北地震三日。

戊午，五年，春正月，賜買住爵魯國公。○注：買住由胡廣平章政事進爵魯國公，大司農，未幾，御史奏革之。二月，寫金字佛經。○注：共縻金三千九百兩，他物稱是。嗚呼，自東漢以來，奉佛養僧，未有如元之盛者，而元運無百年者，是佛之不靈而僧之無法也明矣，世有溺而不知返者，哀哉。

夏四月，以千奴、史弼并爲平章政事。

帝如上都。秋八月，帝還大都。

九月，以亦列赤爲平章政事。

己未，六年，夏四月，帝如上都。

以鐵木迭兒爲太子太师。○注：鐵木迭兒家居未逾年，復夤緣起爲太子太師，中外莫不驚駭。禦史中丞趙世延論其不法數十事，然以太后之故，不聽。

揚州火○注：燬官民盧舍一萬三千三百餘間。

六月，山東、淮南諸路大水。秋八月，帝還大都。

冬十二月，詔太子參決政事。

庚申，七年，春正月朔，日食。帝崩。

廟號仁宗。國語稱曰『普顔篤皇帝』。帝天性恭儉寬仁，通達儒術，不事遊畋，不喜征伐，不崇貨利，事皇太后終身不違顔色。其政之爲治，一遵世祖成憲云。然即位未幾，災異迭見，特以忌刻少恩，天變應之，捷於影響。然則人君一念之間所繫如此，可不謹諸，可不畏諸？

伯答沙①罷。太后以鐵木迭兒爲右丞相。二月，太子以黑驢、趙世榮并爲平章政事。鐵木迭兒殺殿前中書、平章政事蕭拜住、御史中丞楊朶兒只。

①伯答沙：是元朝兗國公忙哥撒兒幼子帖木兒不花的第三子，幼入宿衛，爲寶兒赤。

三月，太子即位，大赦。尊皇太后爲太皇太后，皇后爲皇太后。加鐵木迭兒爲太師。奪李孟封爵，左遷爲集賢侍講學士。以拜住爲平章政事。○注：拜住，安童孫也。夏四月，帝如上都。阿散罷。以拜住爲左丞相，乃刺忽、塔失海牙并平章政事。平章政事黑驢、御史大夫禿禿哈等謀逆，伏誅。

冬十月，帝還大都。十一月，始服袞冕，享太廟。詔上書言事，得專達。

英宗皇帝。○注：名碩德八剌，仁宗子。在位三年，壽二十一。

辛酉，至治元年，春正月，罷元夕張燈於禁中。二月，殺監察御史觀音保等。

三月，帝如上都。

夏五月。

遷武宗子圖帖睦爾於瓊州。

以鐵失爲御史大夫，領侍衛親軍都指揮使。

秋九月，帝還大都。冬十一月，命鐵失領左右阿速衛。十二月，立皇后亦啟烈氏。

壬戌，二年，春正月，敕有司卹孔氏子孫貧乏者。夏四月，帝如上都。

秋七月。

○注：時鐵木迭兒懷私固寵，搆釁骨肉，諸王大臣莫不自危。中政使咬住告脱歡察兒等交通親王，于是，徙圖帖睦爾居海南。

鐵木迭兒卒。○注：鐵木迭兒自復相以來，報復私讐，殺害無辜，可謂罪大惡極者。今而得戴其元，以歸地下，幸哉！

太皇太后弘吉剌氏崩。九月，京師地震。冬十月，以拜住爲右丞相。十二月，復以張珪爲平章政事。

癸亥，三年，春正月，起王約、吴元珪、韓從益商議中書省事。吴燈爲翰林直學士。○注：時，約等以年老致仕。丞相拜住一新政務，尊禮老臣，傳詔復起約等。二月，命鐵失振舉臺綱。三月，帝如上都。夏六月，追奪鐵木迭兒官爵。○注：籍没其家貲。

大風拔木。○注：拔柳林行宮木二千餘株。奉元行宮正殿災。八月癸亥，御史大夫鐵失弑帝於南坡，及右丞相拜住。

廟號英宗。國語稱曰『格堅皇帝』。帝性剛明，諸事明斷，然果于刑戮，奸黨畏誅，遂構大變。

諸王按梯不花等奉璽綬迎晉王也孫鐵木兒於北邊。九月，晉王即位於龍居河，赦。○注：也孫鐵木兒，裕宗之孫，晉王甘麻剌長子，襲封晉王，仍鎮北邊。

以也先鐵木兒爲右丞相，倒剌沙爲平章政事，鐵失知樞密院事。冬十月，鐵失也鐵木兒等伏誅。

十一月，帝至大都。

追尊考晉王爲皇帝，母弘吉剌氏爲皇后。盜竊太廟神主。以倒剌沙爲左丞相。

泰定皇帝。○注：帝初封晉王，英宗遇弑，以支庶入繼帝統。在位五年，壽二十六。

流諸王月魯鐵木兒等於邊地。封買奴爲泰寧王。

鐵失也先鐵木兒等伏誅。

甲子，泰定元年，春正月，以乃蠻台爲平章政事。召圖帖睦爾於瓊州。二月，開經筵。立皇后八不罕氏。立子阿速吉八爲皇太子。夏四月，帝如上都。大風，地震。

秋八月，帝還大都。

冬十月，命左右丞相日直禁中。

是年，水、旱、蝗。

封圖帖睦爾爲懷王，徙雲南王王禪爲梁王。

乙丑，二年，春正月。

三月，帝如上都。夏四月，革大臣兼領軍務。秋九月，帝還大都。冬十二月，以塔失鐵木兒爲右丞相。

丙寅，三年，春二月，以察乃爲平章政事。帝如上都。

夏四月，禁西僧馳驛擾民。秋七月，帝還大都。

河決陽武。○注：壞民居萬六千五百餘家。

丁卯，四年，春正月，御史臺臣請親祀郊廟，不允。

命懷王圖帖睦爾出居建康。

御批郵傳之設，所以速使節。非軍國重務，不得輕擾之。至於金字圖符，几時用以備邊，乃僧人佩符乘驛者，多至傳舍不能容，無謂罷矣。元政之衰，于此可見。

帝如上都。夏四月，盜竊武宗神主。旱、蝗，民饑。秋八月，山崩地震。○注：通漕縣山崩，硐門地震，有聲如雷，晝晦。天全道山崩，飛石斃人，鳳翔、興元、成都、峽州、江陵同日地震。閏月，帝還大都。

冬十二月，蔡公張珪卒。

戊辰，致和元年。○注：文宗皇帝圖帖睦爾天曆元年。

春二月，帝如上都。命僉樞密院燕帖木兒等居守。

秋七月，寧夏地震。

帝崩於上都。

徙懷王圖帖睦爾於江陵。

張珪卒。

帝崩。文宗不爲立廟謚。世止稱爲泰定帝。王褘曰：武宗以兄弟相及，約繼世子孫迭居大位。而仁宗惑於鐵木迭兒之言，不守宿諾，傳位英宗，乃使武宗二子明宗、文宗出居於外。及英宗遇弒，而明宗在北，文宗在南。晉邸乘間入繼大統。或謂晉邸非所宜立。雖然，晉王於世祖，孫也，於次爲長，雖守藩服，嘗有盟書，今而國統之弗繼，則求所當立者，舍晉王之系，將誰屬耶？然則謂晉邸非所宜立者，亦過也。舊傳英宗之弒，晉邸與聞焉，故其没不舉請謚升祔之典，明其爲賊也。然考之《實録》，皆不得其實，傳聞之訛，烏可信哉。

八月，簽樞密院事燕帖木兒謀逆，執中書省御史臺臣烏伯都剌等下之獄。遂遣使迎懷王圖帖睦兒於江陵。○注：燕帖木兒以身受武宗寵拔之恩，欲迎其二子周王和世㻋、懷王圖帖睦兒而立之。不思泰定元年，阿速吉八已立爲皇太子。

則是神器有屬，而非倉卒無繼者之比。今而泰定既崩，太子當立，禮之正也。燕帖木兒不顧大義，棄太子而迎立懷王，背國法而射厚利，其罪可勝誅哉？

諸王滿禿等謀叛，附於燕帖木兒，伏誅。

皇太子阿速吉八即位於上都。遣梁王王禪、右丞相塔失帖木兒將兵，分道討燕帖木兒。懷王圖帖睦爾入京師。

諸王也先帖木兒等兵，由遼東入遷民鎮。

九月，圖帖睦爾殺平章政事烏伯都剌，流左丞朵朵等於遠州。圖帖睦爾襲帝位。

冬十月，圖帖睦爾陷上都。梁王王禪遁走，遼王脱脱死之。	
	梁王王禪等兵入居庸關，與燕帖木兒戰，不利。靖安王濶不花等兵破潼關，河南大震。諸王也先帖木兒等兵破通州，遂趨京師，燕帖木兒拒之，引還。諸王忽剌台等兵入紫荊關。

圖帖睦爾告祭郊廟。十一月，圖帖睦爾遷泰定皇后弘吉剌氏於東安州。遣使迎周王和世㻋於漠北。圖帖睦爾殺梁王王禪及左丞相例剌沙等。

己巳，天历二年，春正月，周王和世㻋稱帝於和寧之北。○注：周王和世㻋與懷王圖帖睦爾皆武宗之子，而周王兄也，懷王弟也。周王蓋嘗欲正名分，而不得，逃居漠北，而懷王遣使迎之，其義得矣，今也周王急於得國稱帝，中道果何義哉！

按綱目，凡正統之年歲下大書，而僭國之與篡位者，則分注細書之。此所謂正統於天，而人道定矣，然通鑑於天歷二年，皆大書綱目，則斥而細書之，不子其爲正統也。漢之吕后、王莽，唐之武后，其義亦然。

二月，圖帖睦爾立其妃弘吉剌氏爲皇后。追尊周王母亦乞烈氏、母唐兀氏并爲皇后。三月，圖帖睦爾遣燕帖木兒奉皇帝寶赴漠北。夏四月，周王以燕帖木兒爲太師。

周王遣使立圖帖睦爾爲太子。

西臺御史中丞張養浩卒。

太白經天。○注：唐太宗殺建成、元吉而太白見秦分。圖帖睦爾殺周王，而太白經天，變不虛生，信哉！

秋八月丙戌，周王次旺忽察都，圖帖睦爾入見，庚寅，王暴卒。○注：初，武宗傳位於其弟仁宗，約以次傳之和世㻋。仁宗崩，奸相鐵木迭兒固位取寵，議立仁宗子英宗，封和世㻋爲周王，出鎮雲南。世㻋謀逆不成，逃亡漠北。封武宗次子圖帖睦爾爲懷王，出鎮海南，後徙江陵。泰定崩，丞相燕帖木兒謀逆，迎圖帖睦爾襲位，圖帖睦爾詭辭，遣使迎明宗。

○注：關中之民如失父母。至順間，追贈平章政事、濱國公，謚『文忠』。

明宗即位於和寧，遣使立圖帖睦爾爲太子。明宗次於旺忽察都，圖帖睦爾入見，明宗暴崩，圖帖睦爾襲位。

圖帖睦爾以伯顔爲左丞相，欽察台阿兒思蘭海牙、趙世延并爲平章政事。圖帖睦爾復襲位於上都，大赦。建龍翔集慶寺於建康，詔修《經世大典》。冬十月，徵故中書省臣朶朶、王士熙等十二人於貶所，放歸里。十二月，以西僧輦真吃剌思爲帝。

○注：自東漢以來，奉佛之篤，莫如梁武帝、元文宗。然而梁祚之不長，元運之不永，是佛之不靈也明矣。

文宗皇帝。○注：名圖帖木爾。武宗次子，周王世𤣥之弟，在位三年，壽二十九。

庚午，至順元年，春二月，立明宗子懿璘質班爲鄜王。○注：宋太祖篡周之國，則命子孫世襲崇義公，元文宗篡兄之位，封其子爲鄜王，是皆其真情難掩者。故《綱目》特書于策，所以予其能悔耳。以伯顔知樞密院事，罷置左丞。○注：帝以燕帖木兒有大功，欲獨相以尊異之也。

三月。

反。

雲南諸王禿堅

夏四月，皇后弘吉剌氏殺明宗皇后八不沙。○注：文宗殺其兄，皇后殺其嫂，文宗夫妻豈不忍心害理者乎？五月，帝如上都。以亦列赤爲平章政事。殺知樞審院潤徹伯脱、脱木兒等十二人，籍其家。

秋閏七月，詔加孔子父母及顔回、曾參、孔伋、孟軻、程顥、程頤封爵。

遣豫王阿剌忒納失里督諸將討之。

雲南宣慰使禄余等叛附於秃堅。詔遣諸王雲都思帖木兒會諸路兵進討之。

		秋八月，帝還大都。始親祀南郊。冬十二月，詔以董仲舒從祀孔子廟。立燕王阿剌忒納答剌爲太子。
		辛未，二年，春正月，太子阿剌忒納答剌卒。以伯撒里爲平章政事。浙西水旱○注：諸路飢民八十萬餘户。 夏四月，武陟地震。○注：逾月不止。 五月，帝如上都。 六月，翰林學士吴澄卒。
	阿剌忒納失里等略定雲南，引兵還。	
		吴澄卒。

○注：泰定間，謝病歸臨川，卒。贈『臨川郡公』，謚『文正』。

秋七月，封伯顏爲後寧王。八月朔，日食。帝還大都。江浙水。

○注：壞田十八萬八千七百三十八頃。

詔皇子古剌答納出居燕帖木兒家。○注：更名燕帖古思。十一月朔，日食。詔養燕帖木兒子塔剌海爲子。

○注：賜居第、貲産。

壬申，三年，夏四月。

諸王月魯帖木兒謀反伏誅。

之子。○注：安西王阿難答

五月，帝如上都。録用朶朶、王士熙、脱歡等。秋八月，京師、隴西地震。帝崩于上都。○注：廟號文宗，《國語》稱曰『札牙篤皇帝』。九月，地震。冬十月，鄜王懿璘質班即位。○注：王，明宗第二子，留居京師。帝崩，燕帖木兒請皇后立皇子燕帖古思。后不從命，立王，時年甫七歲。

以撒迪爲平章事。

十一月，尊皇后爲皇太后。鄜王薨。○注：廟號寧宗。王褘曰：寧宗之立，雖母后、權臣利於立幼，抑文宗顧命，舍其子而立兄子，是不可謂非公天下之心也，然終不足以掩其殺兄之惡。人心天理，吁可畏哉！

太后遣右丞濶里吉思迎安權帖睦爾於静江。○注：初，太祖取西北諸國，阿兒斯蘭率衆來降，乃封爲郡王。明宗居沙漠，納其裔孫納罕禄魯氏女，曰邁來的①，生妥懽帖睦爾。至順初，明宗后遇害，遂徙之高麗，居大青島中。尋詔天下，言明宗在時，素謂非其子，移於廣西之静江。鄜王薨，燕帖木兒復請燕帖古思。皇太后曰：『吾子尚幼，妥懽帖睦爾在廣西，今年十三歲，且明宗長子當立。』

①『的』當作『迪』。

往迎之。觀此則帝之立后立之也，後帝削后之爵，而置之死地，何耶？癸酉，四年。○注：順帝元統元年。

春三月，燕帖木兒死。

夏五月，京師地震。六月，妥懽睦爾即位於上都。○注：初，燕帖木兒議猶未決，故至京師，久不得立，至燕帖木兒死，后與大臣立之。

燕帖木兒死。○注：燕帖木兒自秉權以來，肆行無忌，一宴或宰上三馬。取泰定后爲夫人，前后尚宗室女四十人，有交禮三日遽遣歸者。後房充斥不能盡識。

以伯顏爲太師左丞相，撒敦爲太傅左丞相。大霖雨。○注：京畿平地水丈餘，飢民四十餘萬。

江淮旱饑。秋八月，立皇后伯牙吾氏。○注：燕帖木兒之女。

奎章閣侍書學士虞集謝病歸。○注：歸臨川。冬十月，封撒敦爲榮王。唐其勢襲封大平王。十一月，封伯顏爲秦王。是日，秦州山崩地裂。○注：伯顏封秦王，既日山崩地裂，伯顏之穢惡著矣。

虞集歸。

順帝。○注：名妥懽帖睦兒，明宗長子。在位三十六年，壽六十八。

甲戌，元統二年，春正月，汴梁雨血。○注：著衣皆赤。阿卜海牙罷，以脱别台爲平章政事。三月，天雨毛。○注：彰德路，天雨毛如綫而緑。民謡曰：『天雨綫，民起怨。中原地，事必變。』水、旱、疫，民飢。夏四月朔，日食。録許衡後。帝如上都。秋八月，赦。是日，京師地震。雞鳴山崩。○注：嗚呼！人君即位之初，而災變之多，未有盛于順帝也，雖欲不亡，得乎？

帝還大都。冬十月，始以真哥皇后配饗武宗。○注：時議三朝皇后升祔未決，伯顔以問太常博士逯魯曾曰：『先朝既以真哥皇后無子，不爲立主，今所當立者，明宗母邪，文宗母邪？』對曰：『真哥皇后在武宗朝，已膺寳册，則文、明二母皆妾。今以無子之故不得立主，而以妾母爲正，是爲臣而廢其先君之母，爲子而私尊其先父之妾，豈可復蹈慕容垂之失乎！』集賢學士陳顥素疾魯曾，乃曰：『唐太宗册曹王明母爲后，亦二后也，奚爲不可？』魯曾曰：『堯母，帝嚳庶妃，堯未嘗以配嚳。不法堯舜，而法唐太宗耶？』衆服其議，而伯顔亦是之，遂以真哥皇后配武宗。

乙亥，至元元年。夏五月，帝如上京。秋七月，伯顏弑皇后伯牙吾氏。冬十一月，以阿吉剌爲平章政事。詔改元。○注：帝以世祖皇帝在位長久，詔改元統三年，仍爲至元元年。十二月，尊皇太后爲太皇太后。河決封邱。

丙子，二年，春二月，追尊生母邁來的①爲皇后。夏四月，以帖木不花爲平章政事。

①「的」當作「迪」。

帝如上都。秋九月，帝還大都。是年，水、旱、蝗、饑。

丁丑，三年，春正月，帝畋於柳林。

三月，立皇后弘吉剌氏。

夏四月，帝如上都。

慧星見。○注：凡六十五日，自昴房歷一十五宿而滅。秋七月，武陟蝗。

廣東朱光卿、河南捧胡兵起。○注：光卿，增城人，稱大金國，改號赤符。捧胡，陳州人，反于信陽州。

西番亂。○注：殺鎮西黨兀班，尋蔓延至二百餘處。

八月，京師地屢震。○注：凡六日方止，所損人物甚眾。

冬十月，金華處士許謙卒。○注：謙受業金履祥之門。世稱爲『白雲先生』。卒謚『文懿』。

十二月，以馬札兒台爲太保分樞密院，鎮北邊。○注：馬劄兒台，伯顏弟。伯顏殺五姓漢人，不許。○注：請殺張王劉李趙五姓漢人，不許。

許謙卒。

戊寅，四年，夏四月，以探馬赤只兒瓦歹爲平章政事。

帝如上都。

漳州袁州兵起。○注：漳州南勝縣民李志甫，袁州人周子旺，亦舉兵，稱周王。

秋八月朔，日食。京師地震。○注：日二三次，十日乃止。帝還大都。	己卯，五年，夏四月，帝如上都。六月汀州大水。○注：平地水深三丈。秋八月，帝還大都。冬十一月，盜殺河南平章政事月魯帖木兒，尋捕誅之。○注：杞縣人范孟，謀不軌，詐爲詔，使至河南殺之。詔以伯顏爲大丞相。伯顏矯詔，殺郯王徹徹篤。
	殺郯王徹徹篤，貶宣讓王帖木兒不花、威順寬徹普化。○注：此伯顏殺之、貶之也。伯顏既弑母后，又殺諸王，其窮兇極惡，可畏也哉。

庚辰，六年，春二月，伯顏有罪，竄南恩州，道卒。以馬札兒台爲太師，右丞相塔失海牙爲太傅，知樞密院事探馬赤爲太保，御史大夫汪家奴爲平章政事，脱脱知樞密院。京畿大水。賜馬札兒台爵忠王，固辭，許之。夏五月，帝如上都。六月，詔廢文宗廟主，遷太皇太后弘吉剌氏於東安州，尋崩。放燕帖古思於高麗，殺諸途。○注：文宗雖有殺兄之嫌，然而舍子立侄，不可謂非公議也。帝乃明宗之子、文宗之侄，以分以名，安得而行是舉乎？秋八月，帝還大都。冬十月，馬札兒台罷。以脱脱爲右丞相，鐵木兒不花爲左丞相。

辛巳，至正元年，夏四月，帝如上都。以鐵木兒塔失爲平章政事。秋八月，帝還大都。冬，湖廣、燕南、山東兵起。

○注：湖廣、道州民蔣丙等舉兵，尋稱順天王，燕南、山東寇盜亦縱横至三百餘處。

大饑。

壬午，二年，春正月，開金口河。三月，大同饑，人相食。夏四月，帝如上都。秋八月朔，日食。九月，帝還大都。冬十月朔，日食。十二月，京師地震。

癸未，三年，春正月，

二月，鞏昌山崩。

遼陽吾者野人作亂。○注：爲捕海東青煩擾，吾者野人及水達達皆叛。

○注：泰州、成紀、寧遠、伏羌等處山崩水涌，人多溺死。三月，詔修遼、金、宋三史。夏四月朔。日食，帝如上都。秋七月，汴梁大水。八月，帝還大都。冬十月，親祀太廟。十二月，以別兒怯不花爲左丞相，鐵木兒不花罷。徵清江處士杜本，不至。

甲申，四年，春正月，河決曹州。夏四月，帝如上都。五月，脱脱罷，以阿魯圖爲右丞相。秋七月，温州地震，海溢。

八月，帝還大都。九月朔，日食。

乙酉，五年，春正月，薊州地震。夏四月，帝如上都。

五月。

秋七月，河決濟陰。八月，帝還大都。九月朔，日食。遣使巡行天下。

丙戌，六年，春二月朔，日食，山東地震。夏四月，帝如上都。

翰林學士承旨巎巎卒。○注：巎巎直道匡君，略無避諱，誠元室之良臣也。

五月，陝西饑。盜竊太廟神主。六月。秋七月，以朵兒直班爲右丞。

八月，帝還大都。冬十二月，是歲河決。阿魯圖罷。

丁亥，七年，春正月朔，日食。以蓋苗爲衆知政事，以宦者伯帖木兒爲司徒。二月，山東地震。〇注：壞城郭，有聲如雷。三月東平又震，河水動摇。

雲南夷死可伐作亂。

靖州猺吴天保作亂。

夏四月，以别兒怯不花爲右丞相，以鐵木兒塔識爲左丞相。别兒怯不花尋罷。河東大旱。帝如上都。六月，放太師馬札兒台于西寧。○注：别兒怯不花譖之也。因御史亦憐真班諫，遂召還，至甘肅卒。秋九月，帝還大都。鐵木兒塔識卒。冬十月。十一月，以朶兒只爲右丞相，太平爲左丞相○注：太平，漢人。

己丑，九年，夏四月，帝如上都。棗陽童子暴長。秋七月，朶兒只、太平并罷，以脱脱爲右丞相。	戊子，八年，春三月，帝臨國子學。帝如上都。夏五月，霖雨，山崩、江溢。秋七月朔，日食。八月，帝還大都。奎章閣侍書學士致仕虞集卒。○注：集學問該博，事君忠宜。謚『文靖』。冬十月。十一月，台州方國珍兵起。○注：國珍，臺州黄巖人。
	虞集卒。

冬十月，命皇子愛猷識理達臘習漢人文字。十一月朔，日食。

庚寅，十年，夏四月，帝如上都。六月，有星入於北斗。秋八月，帝還大都。冬十月朔，日食。

辛卯，十一年，夏四月，詔修河防，以賈魯爲總治河防使。○注：宗濂曰：議者天下之亂，皆由賈魯治河之役，而不知元之所以亂由來久矣。冀、晉地震。○注：半月乃止。帝如上都。

五月朔，日食。

羅田徐壽輝等兵起。

潁川劉福通、蕭縣李二等兵起。

羅。六月，江浙行省左丞相孛

○注：徐壽輝，羅田人，與倪文俊、鄒普勝等聚衆舉兵，以紅巾爲號，攻陷蘄水縣及黄州路。

○注：先是盜竊蜂起，及發兵夫開河，民益愁怨思亂。有韓山童，欒城人，自其祖父以白蓮會燒香惑衆，謫徙永平。至山童倡言天下大亂，彌勒佛下生。河南及江淮愚民翕然從之。劉福通與杜遵道等復詭言『山童實宋徽宗八世孫，當爲中國王』，乃誓告天地，遂同起兵，以紅巾爲號。縣官捕之急，山童就擒，其妻楊氏、子林兒遷之武安。惟劉福通不可制。李二攻陷徐州，據之。

秋七月，遣大司農達識帖木兒招降之。○注：授方國珍兄弟官有差。八月，帝還大都。詔知樞密院事也先帖木兒督兵，擊劉福通。

冬十月，饒信等路甫黍。

十二月，有星孛於西方。

徐壽輝

稱帝于蘄水。○注：壽輝據蘄水爲都，國號天完，自稱皇帝，改元治平。以鄒普勝爲太師。壽輝，井蛙之兒耳，方崛起草茅，遽爾稱尊，其器可知。

壬辰，十二年，春正月。 三月，隴西地震。 命各行省分兵擊諸路起兵者。夏四月朔，日食。帝如上都。五月，徙瀛國公子趙完普等於沙洲。		
徐壽輝兵破漢陽諸郡，威順王寬徹普化等棄城走。二月，破江州，總管李黼死之。	徐壽輝兵破袁、瑞、饒、信、徽州等，〇注：破吉安路。	

○注：以諸處羣盜，輒引亡宋故號爲口害，故徙之。六月，大名路旱蝗。 秋七月。 八月，右丞相脱脱將諸軍，擊李二於徐州，大破之，屠其城。帝還大都。以余闕爲淮西宣慰副使，守安慶。冬十月，霍山崩。○注：前三日，山如雷鳴。		徐壽輝 兵襲杭州。			
癸巳，十三年，春正月，以哈麻爲右丞。夏四月，帝如上都。					

五月。

六月，立子愛猷識里達臘爲皇太子。秋九月朔，日食。

帝還大都。冬十月。十二月。

江浙平章政事卜顔帖木兒等會兵擊徐壽輝於蘄水，大破之。

泰州張士誠兵起，據高郵，自稱誠王。知府李齊死之。○注：士誠，白駒场，亭民，及其弟士德、士信陷泰州，奪據高郵，稱誠王，國號『大周』，建元天祐。

命淮南平章政事福壽擊張士誠。

哈麻進西番僧於帝。〇注：順帝之所以荒淫無度者，實哈麻有以啟之也。大同疫。〇注：人死者大半。大都無雲而雷。

甲午，十四年，春正月，汴河冰五色。〇注：花草如繪畫，三日乃解。二月，遣吏部侍郎貢師泰和糴於浙西。〇注：京師食不足也。三月朔，日食。夏四月，江西、湖廣大饑。帝如上都。

六月。

秋八月，帝還大都。

九月。

冬十二月，以定住爲左丞相，瑣南班、哈麻并爲平章政事。詔削脱脱官爵，安置淮安。以泰不花等代總其事。○注：脱脱出師以後，哈麻嗾御史袁賽誣之也。詔威順王宣徹普化還鎮湖廣。○注：王初以武昌被陷奉其印，至是以討賊有功還其印。

張士誠攻揚州。

命脱脱丞相督諸軍擊張士誠。

			大都大饑，疫。○注：民有父子相食者。帝製龍舟於内苑。 己未，十五年，春正月，以黑厮爲平章政事。 教授鄭咺請正國俗，不報。遣兵分戍河南諸路。 二月，以達識帖睦爾爲平章政事。
		徐壽輝遣其將倪文焕復破沔陽。	
		劉福通以韓林兒稱宋帝。○注：劉福通等自碭山夾河迎林兒至，立爲皇帝，又號小明王，建都亳州，國號宋，改元龍鳳，以其母楊氏爲皇太后，杜遵道、盛文郁爲丞相，	

三月，竄脱脱於雲南。

蘇州雨血。帝如上都。夏四月，以定住爲右丞相，哈麻爲左丞相，桑哥失里爲平章政事，雪雪爲御史大夫。○注：哈麻爲相，雪雪爲御史大夫，國家大柄盡歸其兄弟矣。

徐壽輝兵破襄陽。

福通、羅文素爲平章。拆鹿邑縣太清宫材建宫殿。遵道等各遣子入侍，福通疾遵道專權，命甲士撾殺之，遂自爲丞相。

五月，詔削泰不花官爵，命答失八都魯總其兵。

六月。

濠州朱元璋起兵，自和陽渡江，取太平路。○注：元璋，先世家沛，徙句容，再徙泗州，父世珍始徙濠之鍾離。母陳氏。元璋生而姿貌雄桀，志意廓然。年十七，父母相繼歿，無所依，乃入皇覺寺爲僧。

倪文俊復破中興路，元帥朶兒只班死之。

者。

秋七月，遣使招諭諸起兵

至正十二年，從郭子興於濠州，子興奇之，留爲親兵。戰輒勝，便有安天下救生民之志，乃收納英賢，置之左右。遂起兵攻滁州，下之。明年，又下和陽，謀渡江取金陵，患無舟楫，而巢湖水軍帥俞通海率衆來降，遂率徐達陽和李善長、常遇春等引舟東下，首克牛渚磯，進攻太平，拔之。

以達識帖睦爾爲江浙行省左丞相。冬十一月，哈麻矯詔殺右丞相脱脱。

荆州大水。

丙申，十六年，春正月，哈麻、雪雪有罪伏誅。薊州地震。

二月。

天完徐壽輝據漢陽。

張士誠入平江，據之。

答失八都魯擊宋劉福通軍，破之。十二月，遂圍亳。福通以其主韓林兒走安豐。

三月。

方國珍降於元。是月，有兩日相盪。夏四月，以搠思監爲左丞相。六月，彰德李實如黄瓜。秋七月。

冬十月，星隕大名，化爲石。

○注：從東南流，芒尾如曳篲，墜地有聲，化爲石，青黑色，形如狗頭，其斷處若新割者。

朱元璋帥師克金陵，改集慶路爲順天府。

張士誠遣兵破杭州。元江浙丞相達識帖睦邇遁，平章左答納失里戰死。

丁酉，十七年，春正月朔，日食。二月。三月。夏五月，以搠思堅爲右丞相，太平爲左丞相。六月，有龍鬭於樂清江。秋七月，元大都晝霧。				
	朱元璋兵克常州。	朱元璋取寧國等路。		
	宋將李武、崔德破商州，元察罕帖木兒與李思齊擊之。	宋將毛貴攻破膠、萊諸州，元遣不蘭奚等將兵擊之。		

○注：自旦至午，昏瞑不辨人物，如是者旬有[1]日。

八月。

九月。

朱元璋取揚州。

天完將陳友諒襲殺倪文俊。○注：友諒，沔陽漁人子。嘗爲縣吏，不樂。會壽輝、文俊兵起，往從之，爲文俊薄書掾。尋亦領兵爲元帥。及文俊謀殺壽輝不果，奪黄州，友諒乘釁殺之，遂并其軍，自稱平章。

張士誠降於元，元以爲太尉。

劉福通攻汴梁，遂分兵略地於山東西。

①「有」下當補「五」字。

冬十月。

十一月，汾州桃杏有花。十二月，河南大饑。太尉答失八都魯卒，以其子孛羅帖木兒爲河南平章政事，領其軍。詔天下團結義兵。翰林學士承旨歐陽玄卒。

天完將明玉珍據成都。〇注：玉珍，隨州人。初聞徐壽輝兵起，乃集鄉兵，屯於青山，結關自固。未幾，降於壽輝。及倪文俊陷川蜀，令玉珍守之。至是，文俊死，玉珍遂自據成都。蜀中郡縣皆附之。

宋將白不信等破興元，遂圍鳳翔，元察罕帖木兒等合兵擊走之。

戊戌，十八年春正月，陳友諒破安慶，淮南行省左丞余闕死之。○注：闕獨守孤城逾六年，小大二百餘戰，戰必勝。至是，陳友諒及饒寇等四面蟻集，雖不幸城陷以死，而其忠精之氣，固自若也。然闕死於君，而能使妻死於夫、子死於父，忠孝貞節萃於一門。較之晉卞壼，又似過之矣。於戲，闕其人豪也哉！贈平章政事，追封豳國公，謚『忠宣』。

三月，大同路夜聞空中有聲。○注：有雲如火，交射中天，空中如有兵戈之聲。

朱元璋兵取建德路。

天完將陳友諒破安慶，元淮南行省左丞余闕死之。

宋毛貴破濟南路，元河南行省右丞董摶霄戰死之。

夏五月，削右丞相泰不花官爵，尋殺之。以知行樞密院悟良哈台代總其事。

山東地裂。

六月朔，日食。

冬十一月，左丞相搠思監有罪，免。以紐的該爲左丞相。

十二月朔，日食。

朱元璋取婺州。○注：帝王之興，其施爲氣象，自與常人不同。是時，

田豐破濟寧，毛貴破薊州，劉福通破汴，奉其主韓林兒居之。

宋將關先生破遼州，遂大掠塞外諸郡。

宋將關先生兵破上都，焚宮闕。

宋關先生兵破上都，焚宮闕。〇注：此即項羽之焚咸陽也。嗚呼！項羽焚咸陽，而秦鹿爲漢高祖所得，關先生焚上都，而元鼎爲明太祖所移。然則取天下者，果以暴而不以仁耶！京師大饑疫。〇注：死者凡二十餘萬人。太白經天。

明兵南伐，遂取婺州，而明太祖撫定羣黎，建興學校，烈接儒士，大闡文明，其施爲已異於常人遠矣。

己亥，十九年，春二月，詔孛羅帖木兒移鎮大同。

三月，元方國珍遣使，以溫、台、慶元三郡附於朱元璋。夏四月。

五月，大蝗。六月。

秋八月。

天完將陳友諒攻信州，元江東廉訪使伯顏不花的斤往救，死之。

趙均用杀宋毛貴，其黨續繼祖執均用。

元察罕帖木兒克汴梁。劉福通以其主韓林兒復走安豐。

九月。

朱元璋兵取衢處州。○注：初，明太祖克婺州，置分中書省，召儒士許元、葉瓚玉、胡翰、汪仲山、李公常、金信、徐孳、童冀、吴履、張啟謙、孫履皆會食省中。日令二人進講經史，敷陳治道。至是克處州，又有荐青田劉基、龍泉章溢、麗水葉琛及宋濂者。即遣使以書幣徵之。

冬十一月，授方國珍江浙行省平章政事。大都有杜鵲。十二月，太子殺左丞成遵、參知政事趙中。			至建康，創禮賢館處之。時朱文忠守金華，復荐王禕、王天錫，至皆用之。
庚子，二十年。○注：是歲，天完亡凡二國。春正月，紐的該卒。二月，太平罷。		天完將陳友諒徙其主徐壽輝都江州，自稱漢王。	元徵海運糧於張士誠。

三月，彗星見東方。復以搠思監爲右丞相。夏五月朔，日食。

秋九月，元①孛羅帖木兒引兵攻冀寧，察罕帖木兒調兵拒之，詔遣使和解之。

冬十二月，元陽翟王阿魯輝帖木兒舉兵於北邊，遣知樞密院事禿堅帖木兒將兵討之。

辛丑，二十一年，夏四月朔，日食。

漢王陳友諒殺其主徐壽輝，遂自稱帝，建國曰漢，號『大義』。

①『有』下當補『五』字。

秋八月。

九月，阿魯帖木兒伏誅。

冬十月，以察罕帖木兒爲平章政事。

朱元璋帥師伐漢，拔江州，漢主友諒走武昌。

○注：朱元璋遂平龍興。建昌王溥、饒州吴宏、袁州歐普祥，各率衆來見。寧州陳龍及吉安孫本立、曾萬中皆來降。乃改龍興路爲洪都府。

朱元璋帥師伐漢，陳友諒走武昌。

明玉珍破東川郡縣。

十一月，黄河清。○注：宋徽書河清，元成書河清，順帝書河清，其爲不祥也，審矣。大饑。

壬寅，二十二年春二月[1]，彗星見。

夏六月，彗出紫薇垣，田豐殺平章政事察罕帖木兒，詔以其子擴廓帖木兒代總其兵。

明玉珍破雲南，自稱隴蜀王。○注：初，玉珍聞陳友諒弑徐壽輝，謀欲討之。乃整兵守夔關，不與相通。復立廟以祀壽輝。至是，遂自稱隴蜀王。

①當補「三月」

冬十一月，擴廓帖木兒爲益都執田豐等，斬之。十二月，①元主塔思帖木兒爲高麗王，遣兵送之國，高麗以兵拒之，大敗而還。○注：初，皇后奇氏宗族在高麗者，恃寵驕横，爲國王伯顔帖木兒所殺。元主入后之譖，遂廢伯顔帖木兒，而立其昆弟塔思帖木兒，國人不服，故拒之。

癸卯，二十三年。○注：是歲，并宋漢凡四國。春正月。

二月。

張士誠將吕珍入安豐，

明玉珍稱帝於成都。○注：建國曰夏，號天統。

①當補「三月」

三月，彗見東方。宋關先生餘黨復攻上都，元孛羅帖木兒擊降之。夏六月，孛羅帖木兒遣竹貞襲據陝西，擴廓帖木兒與李思齊合兵攻貞，降之。

秋七月。

漢王友諒圍洪都，朱元璋帥諸將討之，大戰於鄱陽湖，友諒敗死。

殺宋劉福通等，據其城。朱元璋率兵擊走之。

張士誠自稱『吴王』，元遣使征糧，不與。

冬十月，山東赤氣千里。十一月，殺太傅太平。

甲辰，二十四年。○注：是歲漢亡。

春正月。削孛羅帖木兒官爵，不受命，詔擴廓帖木兒討之。夏四月，孛羅帖木兒舉兵犯闕，殺右丞搠思監，太子出奔。

朱元璋建國號曰吳。二月，自將伐漢，漢主陳理降，湖廣、江西悉平。○注：時李善長、徐達等以吳王功德日隆，屢表勸進，不允。

友諒死，子理立。

漢主理立，改元德壽，是歲亡。

漢主陳理降吳。

五月，太子還宫，遣兵攻大同。孛羅帖木兒復舉兵犯闕，太子率師拒之，不利，復出奔。詔以孛羅帖木兒爲右丞相。

秋八月朔，日食。

乃於是月朔，即吴王位，以李善長爲右相國，徐達爲左相國，常遇春、俞通海爲平章政事。

張士誠逐達識帖木邇，以其弟士信爲江浙左丞相。御史大夫普花帖木兒不屈，死。

乙巳，二十五年，春二月，日旁有一月一星。三月，太子大發兵討孛羅帖木兒，孛羅帖木兒齒二皇后奇氏，調兵拒戰，大敗。夏五月，大都雨氂。○注：長尺許，或曰龍鬚也，命拾而記之。六月，太子加李思齊平章政事、邠國公。秋七月，孛羅帖木兒伏誅，皇后弘吉剌氏崩。九月，太子還大都。元以方國珍爲淮南左丞相。

冬閏十月，封擴廓帖木兒爲河南王，總制諸道軍馬。十二月，元立奇氏爲皇后。○注：改奇氏爲肅良哈氏。

丙午，二十六年。○注：是歲，宋亡。春二月，黄河北徙。○注：先是河決，水流口達於清河。至是，復北徙，自東明、曹、濮下及濟寧，民皆被害。擴廓帖木兒調張良弼等兵，不應，遂遣兵西擊良弼。李思齊等與良弼連兵拒之。○注：嗚呼！欲知國事之興廢，當觀人心之從違。是故，有一代興王之君，則以協和，而雲龍風虎之相從。亡國之君，人心懈怠，而薰猶冰炭之相反，此固理勢之必然也。觀擴廓調兵不應，則可以見人心，既失天命，隨亡而不復可以有爲明矣，故謹書之以爲後世鑒。于時元之天下三分無一，雖有其位，蓋亦寄生而已。夫何擴廓、良弼等舉無憂國之心，動有懷私之忿，其有愧於廉藺多矣。

三月。

夏四月。

吴王朱元璋取淮安諸路。

夏主明玉珍卒，子昇立。○注：玉珍自建號，至是几五年。子升始十歲，改號開熙，母彭氏同聽政。

五月。

秋七月朔，日食。八月，元以陳有定爲福建行省平章政事。九月，元以方國珍爲浙江行省左丞相。○注：其弟國瑛、國珉，姪明善并為平章政事。

有星孛於東北。

冬十二月。

丁未，二十七年。○注：是歲，張士誠亡。春正月，绛州天鼓鳴。○注：其聲如空中戰者，大變也。

三月。

秋八月，元詔太子總制天下軍馬置大撫軍。

吴王求遺書。

吴王取湖州諸路。

吴王立宗廟社稷。

吴王定文武取士之法。

宋主韓林兒卒。

○注：初，太子之奔太原也，欲授唐肅宗靈武故事自立，擴廓不從。及還京，奇后遣人諭擴廓，以重兵擁太子入城，脅帝禪位。擴廓遂知其意，未至京城三十里，即撤遣其軍。故太子深銜之。

九月

冬十月，元罷擴廓帖木兒官，奪其軍，命諸將分統之。

吴王克平江，執張士誠以歸。

吴王命大將軍徐達等，帥師北定中原。

吴王定律令，十一月頒戊申歷。

吴王兵討方國珍，降之。○注：國珍初降，約於杭城下，即納地來朝吴王。既克杭州，國珍據境自若，且北通擴廓，南交陈有定，圖爲犄角。吴王以書責之，不報。遂遣湯和等進攻温、台、慶元。國珍懼，遁入海島。復命廖永忠自海道會和，討之。乃遣子明完奉表乞降，既而，及其弟國珉親帥所部謁和，於軍門和送國珍於建康。

時福州路皆爲陳友定所據，湯和遂由海道徑取福州。

吴王兵狥山東，郡縣皆下之。

歷代統紀表卷之十三

偃師段長基述　孫　鼎鑰 鼎鈞　校刊

戊申，元順帝至正二十八年。○注：是歲，閏七月，元帝出奔。

○明太祖高皇帝洪武元年。春正月，吴相國李善長等尊吴王朱元璋爲皇帝，國號明。○注：朱璋自二十四年立爲吴王，建百官，遂降陳理，執張士誠，走方國珍，盡有淮南、浙東、江西、荆蠻地二十七年。諸將北定中原，善長帥百官勸進，乃以是年春正月乙亥即皇帝位，建元洪武。明追尊祖考爲皇帝。○注：高祖考曰元皇帝，廟號德祖。曾祖考曰恒皇帝，廟號懿祖。祖考曰裕皇帝，廟號熙祖。皇考曰淳皇帝，廟號『仁祖』。

明立妃馬氏爲皇后，世子煐爲皇太子。○注：后郭子興撫女，煐后長子。明以李善長爲左丞相，徐達爲右丞相。○注：善長，定遠人。上略滁陽公，謁道旁，留幕下，謀議軍機。徐達，鳳陽人。幼倜儻治雄，有智略，年二十二，從上起兵。

夏四月，明征虜將軍徐達、常遇春大破元兵於洛水北。元梁王阿魯温以河南降。○注：常遇春，懷遠人。性剛直，膂力過人。乙未歸帝。

明征虜將軍湯和克福建，元平章陳友定死之。

明征南將軍廖永忠取廣東。○注：永忠，巢人。永安之弟，志勇過人。乙未來歸。

都督馮勝克潼關。○注：勝初名國勝，國用之弟，甲午兄弟同謁太祖于妙山，從克滁和。

六月。 秋閏七月，明師克通州。元帝奔上都。八月，徐達入元都，元監國淮王帖木兒不花死之。○注：徐達、常遇春會諸將於臨清，率馬步舟師進克元都。元主集三宫后妃及皇太子同議，避兵北行，詔淮王帖木兒不花監國，慶童爲左丞相，同守京城。夜半，開建德門，出居庸關，北奔。達陳兵齊化門，將士填濠登城入。淮王及左丞相慶童平章迭兒必失，樸賽因不花、右丞相張康伯御史中丞滿川等不降，殺之。達封府庫及圖籍。命指揮張勝以兵千人守宫殿門，使宦者護視宫人妃主，禁士卒毋侵暴，捷聞。	
平章楊璟克廣西。	江西行省參政陶安卒。○注：安，字主敬，當塗人。少敏悟，有大志。至是，卒，追封「姑孰郡公」。

王褘曰：『自古國家滅亡之道不一，女寵、宦官、權臣、强藩，此四者皆足以亡國。』而順帝兼而有之，加以權綱既弛，智慮益荒，其亡也，宜哉！以應天爲南京，開府爲北京，始建六部。冬十一月，遣使訪求賢才。十二月，徐達開太原，元擴廓帖木兒走，甘肅[①]平。

己酉，明太祖高皇帝洪武二年。春正月，立功臣廟。○注：以徐達爲首，次常遇春，次李文忠，鄧愈、湯和、沐英、胡大海、馮國用、趙德勝、耿再成、華高、丁德興、俞通海、張德勝、吴良[②]、曹良臣[③]、吴復、茅成、孫興祖，凡二十一人，立廟雞鳴山下，死者像祀，生者虚位。

同姓王	
異姓侯王	
異國	

①當補『山西』 ②當補『吴禎』 ③當補『康茂才』。

二月，詔修元史。○注：大都既克，得元十三朝實録，乃以李善長、宋濂、王禕等修元史。夏四月，命博士孔克仁授諸子經。

五月。

六月，常遇春克開平，元帝奔和林。秋七月，征虜副將軍鄂國公常遇春卒于軍，詔李文忠領其衆。

八月。

御史中丞章溢卒。○注：溢，字三益，龍泉人。初，應聘與劉基、葉琛、宋濂同至應天，帝稱之曰『四先生。』	常遇春卒。
	封王顓爲高麗國王。

九月置中都。○注：以臨濠爲中都，管城闕宮殿如京師制。冬十月，詔天下府州縣皆立學。

庚戌，三年春正月，遣徐達、李文忠分道北伐。○注：時元主尚在近塞，擴廓犯蘭州。帝以達自潼關出西道，擣定西取擴廓。文忠自居庸關出東道，絶大漠，追元主。

二月，追封郭子興爲滁陽王。

郭子興封滁陽王。○注：子興，其先曹州人。父贇定遠，生子興兄弟三人。富有力豪。淮西妖人起，子興散家財，結賓客，與孫崖等稱元帥，據濠梁。

夏四月，封子九人爲王。

封棣王秦、棡王晉、棣王燕、橚王吴、楨王楚、榑王齊、梓王潭、杞王趙、檀王魯、從孫守謙王靖江，橚後改王周。

徐達大破元擴廓帖木兒于沈兒峪。元帝殂于應昌，子愛猷識里達臘立。○注：元帝駐應昌二年，殂，壽五十一，在位三十六年。太尉完者等奉梓宫北葬，謚曰『惠宗』。太祖以帝知順天命，退避而去。特加號曰『順帝』。五月，始設科取士。李文忠克應昌，獲元買的里八剌，送京師。○注：文忠聞元主卒，督兵兼程進圍。應昌元嗣君愛猷識里達臘北走，獲其子買的里八剌及后妃、諸王、官屬數百，窮追至北慶州而還。

六月，封買的里八剌爲崇禮侯。立開中監法。○注：山西行省請令商人于大同倉入米一石，太原倉入米一石三斗，給淮塩一小引。商人鬻畢，即以原引赴所在繳之。冬十一月，大封功臣。

辛亥，四年春正月，李善長罷。以汪廣洋爲右丞相，胡惟庸爲左丞相。○注：廣洋，高郵人。字朝宗，少從余闕學，遊太平。乙未帝渡江召見，留爲幕下元帥府令史。以湯和、傅友德帥師伐夏。

夏六月。

以湯和、傅友德帥師伐夏，明昇降。

○注：和，鳳陽人。倜儻饒智略。友德，宿人。初從明王珍，不得志。走從陳友諒。辛丑率衆來歸。

秋七月，封明昇爲歸義侯。

壬子，五年春正月，遣翰林院待制王禕使雲南，被執，不屈死。

○注：元梁王把匝剌瓦爾密鎮雲南，大都不守，元帝北去。而王猶執臣節如故。歲遣使自塞外達元帝行在，使者蘇威①適爲北平守將所獲。乃命禕齎詔偕威往諭王。王待禕以禮，適元主遣脱脱徵餉雲南，知禕在王所，脅以危語。王不得已，出禕見之，脱脱欲屈禕，禕不屈，遂自刎。

①『威』當作『成』。下同。

褘字子克，義烏人。師事黃溍。子紳，于洪武二十年走雲南，求父遺骸，不得。述《滇南慟哭記》。

徙陳理、明昇于高麗。遣徐達、馮勝分道征擴廓帖木兒。達軍敗績。勝敗元兵而還。

二月。

冬十二月，詔百官奏事，啟皇太子。

癸丑，六年春正月，汪廣洋罷。

○注：時左丞相胡惟庸專省中事，汪廣洋無所建白，故罷之。

安南陳叔明弒其主日熞而自立，遣使入貢却之。高麗國王遣子弟入國子學。

三月。

秋七月,以胡惟庸爲中書右丞相。九月,詔正文體。

甲寅,七年春正月。

二月,修曲阜孔子廟。

三月。

秋九月,遣崇禮侯買的里八剌北歸。

復以魏觀知蘇州府。○注:政化大行,課績爲天下最。因部民乞留,命還任。

遣兵官吳禎巡海備倭。

方國珍卒。○注:國珍自至正二十七年來,降幕下士詹鼎爲書辭,乞哀甚。帝憐赦之,至是,卒。

高麗李仁任弑其主王顓,立子禑。

乙卯，八年春正月，詔天下立社學。

二月。

夏四月，罷營中都。帝欲如周、漢制建兩京，至以勞費，罷其役。

秋八月，元擴廓帖木兒卒。

○注：自徐達敗後，大軍不復出塞，擴廓從其主徙金山，卒于哈剌那海之衙庭，其妻毛氏亦自經死。擴廓小字王保保。

○注：顒無子，以寵臣辛肫之子禑爲嗣，于是仁任立禑。

賜德慶侯廖永忠死。○注：坐僭侈，失人臣禮。

誠意伯劉基卒。

○注：初，帝欲相惟庸，基不可。既而惟庸相，基憂憤成疾。惟庸挾醫往視，飲其藥，如有物積腹中，遂篤月餘，卒。

丙辰，九年冬十一月，下平遥訓導葉伯巨于獄，殺之。十二月，遣元臣蔡子英歸和林。〇注：子英，元至正進士。累遷行省參政。元亡，入南山，帝遣人繪形求得之。授之官，不受。帝知終不可奪，遣歸從故主。

丁巳，十年夏五月，詔韓國公李善長、曹國公李文忠議軍國重事。秋九月，以胡惟庸爲左丞相，汪廣洋爲右丞相。冬十一月，

衛國公鄧愈卒。

十二月，録功臣子孫。

○注：愈虹人性孝弟，簡密憤重，有士君子之行。謚武順，追封寧河王。

戊午，十一年春正月，封子五人爲王。

椿爲蜀王，栢爲湘王，桂[①]豫王，楧漢王，植衛王，其後桂改封代，楧改封肅，植改封遼。

夏四月，元愛猷識里達臘卒。子脱古思帖木兒嗣。○注：帝遣使往弔，自爲文祭之。秋七月，蘇、松、楊、台諸府海溢。遣使賑恤。

己未，十二年春，始合祀天地于南郊。

①『桂』承上省『爲』字。下同。

秋七月，以李文忠領大都督府事。

冬十二月，賜汪廣洋死。○注：胡惟庸所爲不法，汪廣洋同爲相，知而不言，貶海南，舟次太平，賜死。徵元吏部侍郎伯顏子中，子中飲鴆卒。

庚申，十三年春正月，胡惟庸謀反，及其黨陳寧、塗節等皆伏誅。

三月。

夏四月，命羣臣各舉所知。五月，雷震謹身殿。六月，雷震奉天門。冬十月，安置翰林學士承旨宋濂于茂州，道卒。

燕王棣之國。

汪廣洋死。

胡惟庸及其黨陳寧、塗節等皆伏誅。

○注：因其孫慎坐胡惟庸黨，械濂至京，帝欲誅之，皇后乞。赦其死。

宋濂卒于茂州道。

辛酉，十四年春正月，元兵侵邊，命徐達禦之。定賦役籍。

三月，遣傅友德、沐英征雲南。

冬十二月，傅友德下曲靖，元梁王把匝剌瓦爾密死之。雲南平。

遣傅友德、沐英等征雲南。

壬戌，十五年夏五月，帝詣國子監，釋奠于先師。秋八月，皇后馬氏崩。九月，葬孝慈皇后。

選僧侍諸王。〇注：高后崩，諸王奔喪。帝命各以一僧與之，令誦經修佛事。吴僧道衍即姚廣孝，姑蘇人，有奇謀，見燕王棣，即深相納，棣因白求廣孝于帝，帝許之。

癸亥，十六年春二月，始令天下學校歲貢士于京師。三月，傅友德師還。留沐英留鎮雲南〇注：沐英，定遠人。八歲喪母，無所歸，上憐之，撫爲子。寬安沉毅，謀慮深遠，臨事果斷，在滇多善政。帝嘗曰：『使吾高枕無南顧憂者，英之功也。』

甲子，十七年春三月，曹國公李文忠卒。

曹國公李文忠卒。〇注：文忠，盱眙人。初名保保，帝之甥也。氣量沉閎，臨陣踔厲，奮發好學，飭行繹兵，家居恂恂若儒士。

乙丑，十八年春二月，太傅魏國公徐達卒。

秋七月。

丙寅，十九年夏六月，詔有司存問高年。秋七月，詔舉經明行修之士。

丁卯，二十年春正月。

卒年五十六。贈岐陽王，謚『武靖』，侑享太廟。

太傅魏國公徐達卒。○注：卒年五十四。贈中山王，謚『武寧』，侑享太廟，肖像、功臣廟位皆第一。

以馮勝爲征虜大將軍，討納哈出。夏六月，勝至金山，納哈山降。

遣使封高麗王王禑。

秋九月。

冬十一月。

戊辰，二十一年春正月，詔有司匿災者罪。夏四月，藍玉襲破元脫古思帖木兒于捕魚兒海，獲其子地奴保。

六月。

秋七月。

以藍玉爲大將軍，帥師北伐。

命湯和築瀕海城備倭。○注：度浙東西地，置衛所并海築城五十有九。選丁莊五萬八千人戍之。

信國公湯和歸鳳陽。

冬十月，元脱古思帖木兒爲其下所殺。○注：脱古思帖木兒既遁，將依丞相咬住，行至上剌河，爲其下也速迭兒所襲，尋又縊殺之，并殺天保奴。自脱古思帖木兒五傳至坤帖木兒，咸被弑，不復知帝號。有鬼力赤者篡立，稱可汗，去國號，遂稱韃靼云。

十二月。

以解縉爲監察御史。

安南黎季犛廢其王煒，尋弑之。○注：陳叔明立，三歲。傳其弟煓，煓死，弟煒代立，其相季犛竊炳，廢煒，殺之。立叔明子日主國事。

己巳，二十二年夏五月，置泰寧、朶顏、福餘三衛。○注：三衛地爲兀良哈，在黑龍江南，元大寧路北境，元遼王內附。帝即其地，置三衛，俾部長各領其衆，互爲聲援。

庚午，二十三年春正月，命晉王棡、燕王棣帥師北伐。三月，燕王棣至迤都，元太尉乃兒不花等降。

夏四月。

五月，賜韓國公李善長死。

命晉王棡、燕王棣帥師北伐。

潭王梓自焚死。○注：梓英敏好學，其妃於氏，都督顯女也。顯與子琥坐胡惟庸誅。梓不自安，帝召之，大懼，與其妃自焚死。

以楊靖爲刑部尚書。

○注：初，京民坐罪應徙邊。善長數請免其私親丁斌。帝怒，按斌，斌故給事胡惟庸家，因言善長弟存義往時交通惟庸狀。命逮存義鞫之，存義詞連善長，于是御史等交章劾之。

辛未，二十四年夏四月，封子十人爲王。

秋八月，命皇太子巡撫陝西。

冬十一月，皇太子還京師。

壬申，二十五年夏四月，皇太子標卒，○注：謚懿文。帝詔對，廷臣慟哭。劉三吾進曰：『皇孫正嫡承統，禮也。』帝意遂決。

栴爲慶王，權爲寧王，楩岷王，橞谷王，松韓王，模瀋王，楹安王，桱唐王，棟郢王，㰘伊王。

賜李善長死。

六月，西平侯沐英卒。〇注：卒，追封黔寧王，謚『昭靖』。子春、晟、昂相繼鎮雲南。

秋七月。

九月，立孫允炆爲皇太孫。

沐英卒。

以方孝儒爲漢中教授。〇注：孝儒，少好學，恒以明王道致太平爲己任。以荐召至，除漢中教授。蜀王椿聞其賢，

高麗李成桂逐其君瑶，而自立。

〇注：初，王禑欲寇遼東，使成桂繕兵。成桂屯兵艾州，不進。禑怒，殺成桂之子。成桂還兵攻之，因禑立其子昌，未幾，又廢昌而立瑶。至是，又逐瑶，而自立。瑶出居原州王氏，自五代傳國數百年，至是絶。是冬，成桂請更國號，帝命仍古號曰『朝鮮』。

	癸酉，二十六年春二月，涼國公藍玉以罪誅。三月。	甲戌，二十七年秋八月，遣使修天下水利。冬十一月，賜潁國公傅友德死。	乙亥，二十八年春正月。
	命晉王棡、燕王棣節制山西北平軍事。		
聘爲世子師，名其讀書之廬曰『正學』。	藍玉以罪誅。○注：坐謀反罪。	賜傅友德死。未幾，定遠侯王弼亦賜死。○注：弼，定遠人。瞻畧過人，號『雙力王』。	西平侯沐春討越州蠻，平之。○注：春英之長子也。

二月，賜宋國公馮勝死。

秋八月，信國公湯和卒。

九月，頒皇明祖訓。

賜馮勝死。○注：帝春秋高，多猜忌。勝功最多，數以細故失意，竟賜死。諸子皆不得嗣。

湯和卒。○注：和晚年益爲恭慎，入聞國論，一語不敢外泄。媵妾百餘，病後悉資還之。所得賞賜，多分遺鄉曲。當時公、侯宿將坐奸黨，先後麗法，稀得免者，而公獨享壽考，以功名終。卒年七十，追封『東甌王』，謚『襄武』。

丙子，二十九年春二月。

燕王棣帥師巡邊。三月敗元兵于徹徹兒山，又追敗之于兀良哈禿城而還。

秋八月。

殺御史王朴。○注：朴性耿直，數與帝辨是非。帝怒，命戮之。召還，諭改之。卒不屈。帝大怒，竟戮死。

丁丑，三十年秋八月。

沔縣吏高福興作亂，征西將軍耿炳文討誅之。○注：炳文，濠人。其父君用，從士克採石，取金陵，與張士誠戰死，炳文代領其眾。

九月。

平緬蠻刀幹孟，逐其宣慰使思倫發，詔沐春討之。

戊辰，三十一年夏閏五月，帝崩。太孫允炆即位①。葬孝陵。夏六月，户部侍郎卓敬請徙燕王棣于南昌，不聽。○注：敬密疏，言燕王知慮過人，酷類先帝，北平形勝地，金、元所由興，宜徙封南昌。奏入，翌日，詔問敬，叩頭曰：『臣所言天下至計，願陛下察之。』事竟寢。

召方孝孺爲翰林侍講。

以齊泰爲兵部尚書，黄子澄爲太常卿，參預國政。

恭閔惠皇帝②。

己卯，建文元年春正月，大祀天地于南郊，奉太祖高皇帝配。

①當補『時年二十二』。②當補『名允炆，太祖孫，懿文太子子也，在位四年。燕兵陷都，城宫中火起，帝不知所終。』

二月，追尊皇考爲興宗，孝康皇帝妣常氏曰孝康皇后。尊母吕氏爲皇太后。立皇后①。立子文奎爲皇太子。

三月，京師地震。

夏四月。

燕王棣來朝。封弟允通爲吴王，允熞衡王，允熙徐王。

燕王歸國。

湘王柏自焚死，齊王傅、代王桂有罪，廢爲庶人。○注：柏有告湘王反者，遣使訊。柏懼，闔宫焚死。會齊代皆告發，乃廢二王爲庶人，囚傅京師，幽桂大同。

遣燕世子高熾及其弟高煦、高燧還北平。○注：太祖崩時，燕王遣三子入臨京師。

①當補當補『馬氏』。

六月。

秋七月，燕王棣舉兵反。遣長興侯耿炳文討之。八月耿炳文與棣對戰于滹沱河北，敗績。召炳文還，以李景隆代之。成祖還北平①。

八月。

冬十月，棣誘執寧王權，奪其衆及朵顏三衛歸北平。

至是，棣稱病，乞三子歸，齊太欲收之。黃子澄曰：『不如遣歸之。』

岷王楩有罪，廢爲庶人。

燕王棣舉兵反。谷王橞還京師。

召遼王植、寧王權。遼王至，寧王不至。徙封遼王于荊州。

①當删『成祖還北平』。

庚辰，二年夏四月，李景隆及棣戰于白溝河，敗績，奔德州。五月，棣陷德州，轉掠濟南。秋八月，都督盛庸參政，鐵弦擊敗棣兵于濟南，復德州。冬十月，詔李景隆還。赦不誅。十二月，盛庸大敗棣兵于東昌，斬其將張玉林，遁還。

辛巳，三年春三月，盛庸敗棣兵于夾河，斬其將譚淵，復戰，敗績。

冬十一月，皇子文垚生。

十二月，棣大舉南犯。

貶齊泰、黃子澄。諭棣罷兵，棣不奉詔。

詔駙馬都尉梅殷鎮淮安。

元坤帖木兒死，鬼力赤爲可汗。

壬午，四年春正月，命魏國公徐輝祖帥師御棣兵于山東。夏四月，官軍連敗棣兵于淮北，尋召輝祖還。夏五月，棣兵渡淮陷揚州。六月，渡江犯京師，谷王橞及李景隆迎降，京師陷，帝不知所終。○注：或曰帝方急時，一宦捧太祖遺篋至，曰：『曩受命，嬰大難，則發。』發，得楊應能度牒及髡緇。編修程濟曰：『數也，可奈何？』立召主録僧溥洽爲帝剃髪。從水關出，宫中火益烈。傳言帝崩矣，實遜去也。相傳先入蜀，未幾，入滇，嘗往來廣西、貴州寺中。正統庚申，出滇南，語寺僧曰：『我，建文皇帝朱允炆也。』聞于朝，乘傳至京師，迎入大内，稱老佛，以壽終。葬西山，不封不樹。

棣自立爲皇帝。○注：革建文年號，稱洪武三十五年。葬建文皇帝。削魏國公徐輝祖爵。遷興宗皇帝主于陵，仍稱懿文皇太子。遷呂太后于懿文陵。

秋八月，以待詔解縉、編修黄淮入直文淵閣。侍讀胡廣、修撰楊榮、編修楊士奇、檢討金幼孜、胡儼同入直預機務。

九月，大封靖難功臣。

冬十月，重修《太祖實録》。○注：命李景隆爲監修官，前纂修官葉惠仲以直書靖難事，伏誅。

降封允熥、允熞、允熙爲廣澤、懷恩、敷惠王。

徙谷王橞于長沙。

廢廣澤王、懷恩王爲庶人。

殺兵部尚書齊泰、太常卿黄子澄、文學博士方孝孺，皆夷其族，坐黨死者數百餘人。

殺御史大夫練子寧，户部侍郎卓敬，夷其族。

十一月，立妃徐氏爲皇后。

成祖文皇帝。〇注：諱棣，太祖第四子，雖繼父業，實攘侄位。遷都順天，在位二十二年，壽六十五歲。按：建文，太祖嫡孫，太祖于太子卒，即立爲皇太孫，正嫡承統，禮也。成祖于建文即位之年，即興靖難之師，即違父命，復攘君位，誠劉璟所謂『百世後逃不得一篡字』者也。

癸未，永樂元年春二月，改北平爲順天府，置北京。三月，遣中官侯顯等使外域。〇注：帝聞烏斯藏僧哈立麻善幻化，欲致一見，因通迤西諸番。命顯賫書幣，往迓選壯士、健馬護行。未幾，又遣馬彬使爪哇、蘇門答剌諸國，李興使暹羅，尹慶使滿加剌、柯枝諸國，中官四出。及三年夏，帝疑惠帝亡海外，使中官鄭和、王景弘等蹤跡之，

命周、齊、代、岷四王復國。徙寧王權於南昌。

多賫金幣，率兵二萬七千餘人，造大舶，由蘇州劉家港入海，歷福建，達占城，以次遍歷西洋，耀兵絶域諸邦震恐，來朝者日衆，而中國耗費亦不貲。

秋八月，徙富民實北京。冬十一月，頒大統歷于朝鮮。北京地震。

削盛庸爵，尋自殺。

封李芳遠爲朝鮮國王。封胡査爲安南國王。○注：初惠帝時，黎季犛弑國王陳日焜，立其子禺。及弟㬂，復弑之，而纂其位，改名曰胡一元，名其子蒼曰胡𡗶，自稱太上皇。傳位于𡗶，朝廷不知也。文皇踐祚，𡗶遣使表賀，詭言安南王陳氏絶，

	甲申	乙酉
	甲申，二年夏四月，立子高熾爲皇太子，以僧道衍爲太子太師。夏六月。秋九月。冬十月。 十一月，京師地震。	乙酉，三年春二月，命趙王高燧居守北京。
	封高煦爲漢王、高燧爲趙王。	
	以胡儼爲國子祭酒。 籍長興侯耿炳家，炳文自殺。 李景隆有罪，削爵。	殺駙馬梅殷、御史章朴。
臣爲衆爲所推，乞賜封爵。帝遣使封爲安南王。	封元哈密安克帖木兒爲忠順王。○注：哈密，漢伊吾盧地，元末以威武王納忽裏鎮之。卒，弟安克帖木兒嗣，帝遣使詔諭，遂入貢。詔封忠順王，明年，卒。命其兄子脱脱襲封。	老撾送安南故王孫陳天平來朝。

冬十月。

丙戌，四年春二月，帝視國子監行釋奠禮。夏四月，詔求遺書。六月朔，日食不見。秋七月，八月，

冬十月。

十二月。

齊王榑有罪，廢爲廢人。

甌寧王允熙卒。

○注：惠帝弟凡三人，吴王允燧、衡王允熞、徐王允熙。帝即位，廢允燧、允熞爲庶人，改封允熙爲甌寧王。至是，邸中火，王暴卒。

黎蒼弑其故王天平于芹站。

以成國公朱能爲征夷將軍，討黎蒼。朱能卒于軍，以張輔代之，大破安南兵。

丁亥，五年，春三月，封西僧哈立麻爲大寶法王。夏四月，皇長孫瞻基出閣就學。秋七月，皇后徐氏崩。○注：后，徐達女。疾劇謂帝曰：『願帝無嬌畜外家』崩。冬十二月，户科都給事中胡漢訪求異人。○注：訪建文皇帝也。

張輔擒黎季犛及其子蒼，送京師。

置交趾布按都三司。○注：分十七府，四十七州，百五十七縣，十二衛[2]，置三司。以尚書黃福兼掌布、按二司事，吕毅掌都司，黃中副之。

戊子六年，春正月。夏五月，京師地震。秋八月。

岷王楩有罪，削其官屬。

瓦剌攻破鬼力赤，阿魯台立本雅失里爲可汗。

交趾復亂。○注：大軍之討黎氏也，陳氏故官簡定先降，將遣詣京師，復送[1]去。餘寇附之，定乃僭號大越，出没化州山中，

①『送』當作『逸』。　②當作『置府十七州，四十七縣，百五十七衛。』

己丑，七年，春二月，帝北巡，命皇太子監國。

夏五月。

冬十一月。

庚寅，八年，春二月，帝自將征韃靼。

大軍還，即出攻鹹子關。帝命沐晟等討之，敗績。復命張輔、王友與晟協討。簡定自稱上皇，立陳季擴爲帝，季擴，簡定從子也。

封免瓦剌馬哈木爲順寧王，太平爲賢義王，把禿索羅爲安樂王。

張輔討交阯，破之。獲簡定，季擴走。簡定伏誅。

夏五月，大敗韃靼于斡難河。六月，遂征阿魯台，敗之。七月，帝還北京。冬十一月，還京師。十二月。

辛卯，九年，春正月。夏六月。秋七月。冬十月。十一月，立長孫瞻基爲皇太孫。

復命張輔討交趾。下交趾右參議解縉于獄，殺之。

殺浙江按察使周新。

季擴請降，以爲交趾右布政使，尋復反。

張輔大破賊于月常山。

哈密忠順王脫脫卒。封兔力帖木兒爲忠義王，尋卒。封索羅帖木兒爲忠順王。

壬辰，十年，秋九月。	癸巳，十一年，春二月，帝如北京，皇太孫從，命皇太子監國。	甲午，十二年，春三月，帝發北京，征瓦剌。皇太孫從。夏六月，大破瓦剌兵。 秋八月，帝還北京。閏九月。	乙未，十三年，春三月，罷海運。 夏五月，開清江浦，〇注：俱平江伯陳瑄建議也。	丙申，十四年，十月，帝還京師。 丁酉，十五年，春二月。三月，帝北巡，命皇太子監國。
		廢晉王濟熺爲庶人，進封平陽王濟廣爲晉王。		故吳王允熥卒。 谷王橞廢爲庶人。 濮王高煦有罪，徙封樂安州。
		張輔追獲陳季擴于老撾，檻送京。大破瓦剌。 下左春坊大學士黃淮于獄。		

秋七月，册皇太孫妃胡氏。

安惠王卒，無子，國除。

戊戌，十六年，春正月。

三月，太子少師姚廣孝卒。

姚廣孝卒。

交趾復亂。○注：安南黎利反○交人故好亂，中官馬騏以採辦至，索求無度，人情騷動，大軍甫還，即并起爲寇。李彬遣將討之，至是俄樂巡檢黎利及父安府府潘僚等復乘機作亂。葢黎利初事陳氏爲金吾將軍，歸命後，授巡檢，以是常怏怏，與其黨放兵四涼。帝命榮昌伯陳智等助討之。

己亥，十七年。

庚子，十八年，春正月，楊榮、金幼孜并爲文淵閣大學士。

秋八月，置東廠。○注：由是中官之勢日重，訖于明亡，不可復制。冬十一月，皇太子過鄒縣。○注：見民拾草實以爲食，命山東布政司石執中發官粟賑之。

辛丑，十九年，春正月，還都北京。夏四月，奉天、華蓋、謹身三殿災。秋八月。

下户部尚書夏原吉于獄。兵部尚書方賓自殺。

壬寅，二十年，春正月朔，日食，罷朝。會帝自將征阿魯台，命皇太子監國。秋七月，帝至殺胡原，阿魯台遁，遂征兀良哈。

九月，帝還京師。閏十二月。

阿魯台弑其主本雅失里，自稱爲可汗。

癸卯，二十一年，秋八月，帝自將征阿魯台，命皇太子監國。冬十月，帝至上莊堡，蒙古也先土干來降。詔班師。十二月，帝還京師。

甲辰，二十二年，春正月，復詔北征。夏四月，帝發京師，命皇太子監國。六月，至荅蘭納木兒河。詔班師。秋七月，帝有疾，至榆木川，崩。

八月，太子高熾即位。○加揚榮、金幼孜、楊士奇、黃淮等管領内閣事如故。

釋夏原吉、黃淮等，復其官。

九月，賜蹇義等繩愆糾謬圖書各一。 冬十月，立妃張氏爲皇后。立皇太孫瞻基爲皇太子。 十一月，宥建文諸臣家族。	仁宗昭皇帝。○注：名高熾，成祖子。在位一年。壽四十八歲。	乙巳，洪熙元年，春正月，加楊士奇兵部尚書，黄淮少保户部尚書，金幼孜禮部，楊溥直弘文閣。大祀天地于南郊，奉太祖、成祖配。 三月，權謹爲文華殿大學士。
徙韓恭王于平涼。		徙岷王楩于武岡
復魏國公徐欽爵。○注：初，輝祖以忤成祖奪爵，及卒，復封其子欽。十九年来朝，不辭徑去。成祖怒，罷爲民，至是復故爵。		

夏四月，南京地屢震。皇太子謁黄陵、祖陵、孝陵，定太廟，侑享功臣。

五月，修成祖《文皇實録》。庚辰，帝不豫，詔皇太子。辛巳，帝崩于欽安殿。

六月辛丑，皇太子還至良鄉，宫中始發喪。庚戌，皇太子即皇帝位。南京地震。尊皇后爲皇太后，主妃胡氏爲皇后。閏月，以翰林學士楊溥入内閣，更定科舉法。○注：自是分南、北、中爲三，以百人爲率，則南取五十五名，中取十名。中謂四川、廣西、雲南、貴州及鳳陽、廬州二府，陳、和、徐[1]三州也。

左遷李時勉、羅汝敬爲監察御史，尋下獄。

①『陳、和、徐』當作『滁、徐、和』。

秋閏七月，修仁宗《昭皇帝實録》。八月，始置巡撫。○注：以胡槩大理卿①及四川參政葉春巡撫江南、浙江，自是遇災荒、盜賊，輒遣大臣往巡撫，事已，召還。成化以後，遂成定員，而三司之任漸輕。九月，葬獻陵。			
冬十月朔，日食。十二月，南京地屢震。			瓦剌馬哈本利脱脱不花爲可汗。
宣宗章皇帝。			
丙午，宣德元年，春三月，以張瑛爲華蓋殿大學士。秋七月，京師地震。京師地生毛，長尺餘。			

①『大理卿』當作『大理寺卿』。

八月，漢王高煦反，帝親征。帝至樂安，高煦降，遂班師。九月，帝還京師，廢高煦爲庶人。○注：擊于逍遥城，其黨皆伏誅。冬十月。

高煦反。

釋李時勉于獄，復以爲翰林侍讀。

丁未，二年，春正月，南京地震。二月，以陳山爲謹身殿大學士。夏四月。秋八月，黃淮罷。冬十一月。

晉王濟熿有罪，廢爲庶人，安置鳳陽。○注：熿，晉恭王子也。初濟熿構陷濟熺，幽其父子于空室中，蔬食不給。恭王宮中老媪走訴成祖，盡得其構陷狀，乃命釋濟熺，封其子美圭爲平陽王，畀以恭王故田。濟熿靳，不與仁宗屢詔諭之，不聽。

于謙爲監察御史。

罷交趾布政司。○注：初，仁宗立，遣中官山壽齎敕招黎利，而利已陷茶籠州，陳智等憚不敢進。帝即位，命成山侯王通討之，敗，參贊尚書陳洽死之。帝復遣安遠侯柳升赴討，敕黔國公沐晟引兵會之，未至，賊已陷昌江，圍交州。王通遂大集官吏，與利盟誓，

高煦反，濟熿與通謀，其黨至京自首，寧化王濟煥亦奏其殺母。帝遣人察之，皆實，乃免爲庶人，幽之鳳陽。

立陳氏後。帝心知其詐，欲藉此息兵，遂遣禮部侍郎李琦等，齎詔立陳暠爲王，諭將班還。王通，陜咸寧人。

皇子生，赦。〇注：帝年三十，胡皇后未有子，而孫貴妃有寵，乃陰取宮人子爲己子。帝以長子生，大喜。寵貴妃有加。

戊申，三年，春二月，立子祁鎮爲皇太子。三月，廢皇后胡氏，立貴妃孫氏爲皇后。秋月，帝巡邊，敗兀良哈之眾于寬河。九月，還京師。

八月，皇子祁鈺生。		初敕，南京刑部侍郎段民考察京官。	
己酉，四年，春正月，兩京地震。冬十月，張瑛、陳山罷。十一月。		以陽武侯薛祿巡邊。	
庚戌，五年，春正月，少保兼太子少傅夏原吉卒。		夏原吉卒。○注：原吉有雅量。嘗言『處有事當如無事，處大事當如小事。』○湘陰人，與蹇義皆起家太祖時。	
夏五月。秋七月。冬十月，帝巡邊，至洗馬林，閱武而還。十二月，兩京地震。		薛祿辛①。以況鐘等九人爲知府，賜勅遣之。	

①『辛』當作『卒』。

辛亥，六年，夏六月。

秋七月，帝微行，幸楊士奇宅。

冬十二月，金幼孜卒。

壬子，七年，秋七月，揭豳風圖于殿壁。

命黎利權屬安南國事。○注：三年夏，李琦還自交趾，黎利遣使奉表謝恩，詭言陳暠物故，陳氏已絕，國公推利守國以俟朝命。帝遣齎勅諭利及其國人，遍訪陳氏子孫。利再遣使奉表，堅言陳氏無後。帝遣章廠齎勅，命利權署安南國事，利雖受朝命，而居國則稱帝，紀元『順天』。

金幼孜卒。○注：公簡易沉默，温裕有容。幼孜，其字也。名善，新淦人，建文元年進士。卒，贈少保謚文靖。

冬十二月，修祖陵、孝陵。	癸丑，八年，春三月，賜曹鼐進士及第，出身有差。○注：鼐，寧晉人，以泰和縣典史督工匠入京，自陳願就禮部試。宣德八年進士第一，授翰林院修撰。疏明俊偉，內剛外和，練達國器，才量出人。	甲寅，九年，春二月。 夏四月。秋九月，帝巡邊，至洗馬林，閱武而還。
		南京刑部侍郎段民卒。○注：民，字時舉，武進人。永樂二年進士。好古力學，精煉吏事，廉平勁直。人莫敢干以私。
	日本國王源道義卒。	黎利死，子麟遣人告喪。

冬十月。

十二月甲子，帝不豫，衛王瞻埏攝①享太廟。

乙卯，十年，春正月，癸酉朔，帝不豫。有官朝皇太子于文華殿。甲戌，帝崩于乾清宫。壬午，皇太子即皇帝位。少師吏部尚書蹇義卒。

尊皇太后張氏爲太皇太后。皇后孫氏爲皇太后。封皇弟祁鈺爲郕王。

蹇義卒。○注：義，字宜之，巴人。洪武十八年進士，歷事六朝几五十年。性謙約，未嘗一語傷人。至議典法，不苟爲②包容。卒年七十三。贈太師，謚忠定。

遣章廠諭黎麟，權署安南國事。

①「攝」是「攝」的異體字。②「爲」當衍。

以禮部尚書楊溥復入内閣，預機務。三月，放教坊司工①三千八百餘人。詔死罪必三覆奏。以元儒吳澄從祀孔廟。夏六月，葬景陵。

秋七月，太白經天。冬十月，詔天下衛所皆立學。十一月朔，日食○命楊士奇、楊榮、楊溥義臣民章奏。○注：太皇太后委任三人，三人同心輔政。士奇，江西泰和人，有學行，通達國體。榮，字勉仁，閩建安人，建文二年進士，謀而能斷。溥，字弘濟，楚石首人，建文二年進士，有雅操，淳謹小心。時號『三楊』。

封皇弟祁鈺爲郕王。

以王振掌司禮監。○注：振，狡黠多智，事仁宗于東宫。宣德初，寖用事，帝爲太子，朝夕侍左右，及即位，寵任之。

①『工』上當補『樂』字。

英宗睿皇帝。○注：名祁鎮，宣宗子，前後在位共二十二年。北狩一年，居南宮六年。壽三十八歲。

丙辰，正統元年，春三月，始御經筵。○注：從三楊之請也。夏五月，始置提調學政官。秋七月，復聖賢後裔。○兩畿、山東、河南、山西、湖廣、廣東大水。

九月。

徙封襄憲王于襄陽，淮靖王于饒州。

設提學憲臣薛瑄爲山東提學僉事。

張瑛卒。

封黎利子麟爲安南國王。○注：帝以陳氏既絶，麟事朝廷甚恭，遂封之。麟復改號大寶。

丁巳，二年，夏五月，詔旌出穀賑荒者爲義民。

遣王驥經理甘肅邊務。

六月，以宋儒胡安國、蔡沈、真德秀從祀孔廟。

王驥遣兵敗虜于塞外，阿台朶兒只伯走死。

雲南麓川宣慰思任發叛。

戊午，三年，春三月，京師地震。夏四月，立大同馬市。○注：與瓦剌互市也。宣宗《章皇帝實録》成，進楊士奇、楊榮、少師楊溥、少保武英殿大學士王直、王英，并禮部左侍郎李時勉、錢習禮爲翰林學士。

己未，四年，春三月，夏六月，彗星見○京師地震。

遼王貴烚有罪，廢爲庶人。○注：貴烚杖殺長史，笞荊州知府，爲撫按官所劾。

庚申，五年，春正月。

二月，以翰林學士馬愉侍講。曹鼐入内閣，預機務。夏六月，度僧道二萬餘人。秋七月，遣侍郎何文淵等分行天下修荒政。〇注：從楊士奇請也。

少師謹身殿大學士楊榮卒。

冬十一月，妖僧楊行祥伏誅。

少保户部尚書黄福卒。〇注：福，昌邑人。歷事六朝，多所建白。安南貢，使人朝，或指福問曰：『識此大人否？』對曰：『南郊草木，亦知公名，安得不識？』其卒也，贈謚不及。士論惜之。

楊榮卒。〇注：榮疏堅果毅，歷事四朝，謀而能斷。李時勉、夏原吉皆以榮言得無死。卒謚文敏。

○注：廣西僧楊行祥僞稱建文帝，械送京師，下詔獄瘐死。

辛酉，六年，春正月朔，欽天監奏日食不應。夏五月，大白經天。秋九月，奉天、華蓋、謹身三殿，乾清、坤寧二宫成。○注：永樂中宫闕未備，三殿成而復災，至是成。

冬十月。

壬戌，七年春正月，賜劉儼等進士及第、出身有差。

以蔣貴爲平蠻將軍，王驥總督軍務，討麓川蠻，破之。○注：蔣貴，江都人，靖難初，奮起卒伍，能與士卒同甘苦，以故所向有功。王驥，束鹿人。永樂四年進士，沉毅宏偉，有文武才。

進蘇州府知府况鐘，吉安知府秩正三品。○注：鐘，靖安人。剛正奇偉。初以吏員事尚書吕震，震荐其才。

夏五月，立錢氏爲皇后。

冬十月，太皇后張氏崩。

十二月，葬誠孝皇后。

襄王瞻墡來朝。

蘇州知府况鍾卒。

瓦剌遣使入貢。

癸亥，八年，春正月，以王直爲吏部尚書。

夏五月，雷震奉天殿。

六月。

復遣王驥、蔣貴征麓川蠻。太監王振殺侍講劉球。○注：球，安福人。永樂十九年進士。天性忠孝，好義力行，文詞鏗鈜，金春玉應，人共寶之。如月嬪天，犀也。十四年，謚忠愍。下大理寺少卿薛瑄于獄。

瓦剌順寧王脫歡死。

秋七月。

既而釋之。○注：瑄，字德温，河津人。永樂十九年進士。粹學飭躬，進無所求，退無所累，真君子儒也。人稱爲『薛夫子』。

枷祭酒李時勉于國子監門三日，釋之。○注：時勉，名懋，以字行，安福人。永樂二年進士。王振，一閹耳，而公卿大臣不受頤指者，多爲置之死地，如劉球，因雷震上疏，慘毒斃命。薛瑄以拜官不謝，幾下獄論死。惡李時勉之守正，荷校國學門，其驕横之態，已極矣。而

冬十一月，宣宗廢后胡氏卒。

甲子，九年，春三月，帝視國子監。○注：以新作國子監成也。

少師華蓋殿大學士楊士奇卒。○注：士奇，公正持大體，好推轂寒士。卒年八十。謚文貞。

夏四月，以翰林學士陳循入内閣，預機務。

冬十月朔，日食。

乙丑，十年，春二月，京師地震。

三月，賜商輅等進士及第、出身有差。

馬順、王文等又以惡相濟，聞者孰不切齒。

楊士奇卒。

○注：輅，字弘載，淳安人。宣德乙卯，發解第一，九年會試、明年廷試皆第一。夏四月朔，日食。冬十月，以兵部侍郎苗衷、工部侍郎高穀入内閣，預機務。

丙寅，十一年，春正月，異氣見奉天、華蓋二殿。夏六月，京師地震有聲。

秋七月，少保武英殿大學士楊溥卒。○注：溥質直廉，静有雅操。自楊榮、楊士奇卒，溥孤立，王振遂用事，及是卒，謚文定。冬十二月，大雨，震電。

丁卯，十二年，秋八月朔，日食。

楊溥卒。

九月。

戊辰，十三年，春二月，以宋儒楊時從祀孔廟。三月，賜彭時等進士及第、出身有差。秋七月，河決河南。京師蝗。○注：一自新鄉，漫曹濮，抵壽張、沙灣，壞運道，入海。一自滎澤，經祥符、陳留，歷睢、亳至懷遠界，入淮。○按：河決之患，自商已然。漢時決酸棗、決瓠子、決館陶，後又決東郡、決中原，皆入于海。自東漢及宋初，并鮮河患。宋熙寧間，始決澶州，北流斷絶，河道南徙，分爲二派：一達於淮，一入于海。黄河入淮自茲始矣。隋唐以前，河自河，淮自淮，各自入海。宋中葉以後，河合于淮以趨海，此古今河道迂徙之大略也。然前代河決，惟壞田廬，至明及今，并妨漕運，故治河尤爲先務。

馬愉卒。

復遣王驥征麓川蠻。

雲南思機發叛。○注：機發，任發子。

冬十月，幸大興隆寺。

己巳，十四年，春正月，太白經天。夏五月，以翰侍讀學士張益入內閣，預機務。六月，旱。熒惑入南斗。○謹身等殿災。○注：是日夜，大風雨。明日，殿基生荊棘高二尺。

秋七月，帝親征瓦剌。命郕王祁鈺居守。○注：王振勸帝親征，鄺埜、于謙、王直等力諫，不聽。

八月，帝至大同，詔班師。次土木，師潰。也先以帝北去。

張輔、鄺埜、王佐、曹鼐、張益等皆歿。

瓦剌分道入寇。○注：也先索中國財物不足，其心遂掠，諸部分道入寇。脫脫不花以兀良哈寇遼東，阿剌知院寇宣府，圍赤城，別將寇甘肅，也先從大同入至猫兒庄。

也先以帝北去。

皇太后命郕王監國，立皇子見深爲皇太子。○注：時京師疲卒羸馬不滿十萬，羣臣哭議戰守。徐珵請南遷，于謙曰：『京師天下根本，一動則大事去矣。言遷者斬。』陳循、胡濙力贊之。守議逐定。以于謙爲兵部尚書。○籍王振家，夷其族。召前大理寺薛瑄以翰林院修撰，商輅、彭時入内閣，預機務。九月，皇太后命郕王即位。赦。○注：廷臣合辭請太后，日車駕北狩。太子幼沖，請定大計，以安宗社。太后命郕王即位，王驚讓再三，會岳謙使瓦剌還，口傳帝旨，以王長且賢，令繼統以奉祭祀。王始受命。遥尊帝爲太上皇帝。

冬十月，以于謙提督各營軍馬。

也先入紫荊閣。○也先犯京師，于謙統諸將擊却之。○注：也先長驅至京師，次蘆溝，以上皇至土城。叛閹喜寧嗾也先邀大臣迎駕，索金帛萬萬計。廷臣欲議和，謙力持不可。敵窺德勝門，謙令石亭誘敵，敵來，伏兵起擊之。也先弟索羅平章卯那孩中礮①死。寇轉戰至彰義門，都督高禮、毛福壽擊却之。也先初輕中國，既至，相持五日，意稍沮，又聞勤王兵且至，遂擁上皇由良鄉西去。大掠，出紫荊關。

十一月修治邊關隘。○以左都督朱謙鎮宣府，僉都御史王竑鎮居庸關。○注：宣府，京師之藩籬。居庸，京師之門户，故于謙乞遣重臣鎮之。

也先入紫荊關。

也先犯京師。瓦剌遣使入貢。○注：時瓦剌君臣鼎立，也先專國，兵最多。脱脱不花雖爲可汗，兵較少，阿剌知院兵又少。二人外親内疎，至是可汗遣使入貢，帝從，厚賞賜以問之。

①『礮』，『炮』的異體字。

十二月，尊皇太后爲聖上皇太后。尊賢妃吴氏爲皇太后。立皇后汪氏。○注：是年，二至夏晝，冬夜各六十一刻。

景皇帝。○注：名祁鈺，英宗之弟。初封郕王，英宗北去，奉孫太后命即位，在位七年。

庚午，景泰元年，春正月朔，罷朝賀。○注：以上皇在瓦剌也。郭登敗瓦剌於栲栳山。二月，帝耕籍田。

三月，録土木死事諸臣後。

也先犯寧夏。

瓦剌復分道入寇。

夏五月，朱謙敗瓦剌于宣府。秋七月，也先遣使請和，遣右都御史楊善等報之。○注：先是也先有意歸上皇，遣使通欵。至是見中國無釁，滋欲和，使者頻至，王直等議遣使逢迎，帝不懌曰：『吾非貪此位，而卿等强樹焉。今復作紛紜何！』衆不知所對，于謙從容言曰：『天位已定，寧復有他！萬一彼果懷計[1]，我有辭矣。』帝意始釋。八月，上皇至自瓦剌，入居南宫。苗衷罷，以刑部侍郎江淵入内閣，預機務。九月，御經筵。

①『計』當作『詐』。

冬十一月，禮部尚書胡濙請令百官賀上皇生日，不許。○注：未幾，濙又請明年正旦朝上皇于延安門，不許。			
辛未，二年，春正月，令軍民輸納者世襲武職。度僧道五萬餘。秋八月，南京地震。冬十二月，以禮部侍郎王一寧、祭酒蕭鎡入内閣，預機務。	廣通王徽煠、陽宗王徽焟謀逆，廢爲庶人。○注：岷莊王子。		也先弑其主脱脱不花，自稱大元田盛可汗。
壬申，三年，夏五月，帝癈故皇太子見深爲沂王，立子①見濟爲皇太子。○注：后以太子乃杭氏所生遂讓焉。廢皇后汪氏，立妃杭氏爲皇后。官顏、孟二氏子孫各一人。			安南國王黎麟死，子濬立，潛號『太和』。

①『子』上當補『皇』字。

六月，建大福隆寺。 秋八月。 冬十月，以左都御史王文入内閣，預機務。○注：時閣中已有五人，因高穀與陳循不相能，穀以文彊悍，欲引文自助。乃請增閣員，二品大臣入閣自文始。十一月朔，日食。	癸酉，四年，冬十月。 十一月，皇太子見濟卒。
王一寧卒。	以徐有貞○注：即理也。爲左僉都御史，治沙灣河。○注：由是山東河患少息。

甲戌，五年，夏四月朔，日食。 五月。 冬十月。	乙亥，六年，夏四月朔，日食。 秋七月，太白經天。 八月。
齊庶人賢爀、谷庶人賦炊，徙置南京。	
	謫大理寺少卿廖莊爲驛丞，殺御史鍾同，錮禮部郎中章綸于獄。
也先爲阿剌所殺。○注：也先自立爲田盛可汗，阿剌求爲太師，不許，且殺其二子。阿剌怒，率衆攻也先，殺之。未幾，韃靼部孛來復殺阿剌，求脱脱不花子麻兒立之。	

丙子，七年，春二月，皇后杭氏崩。三月，天鼓鳴。夏四月，彗星見。五月，以宋儒周敦頤、程頤、朱熹後裔世襲五經博士。六月，葬肅孝皇后。兩畿、山東、河南饑。

○注：以言復太子、朝上皇、復皇后也。是日，黃霧四塞。

按：景帝，後人稱爲郕戾王，削其年號，固史臣曲筆，亦英宗復辟事後見之也。天下不可一日無君，英宗北去，誰能必其復還？是時，太子甫九歲，立郕王正以示金人知國有君，惟其復還上皇也。不然，被金人窺破，以上皇爲奇貨，而不使之復國，幾何而不爲南宋也？況郕王居守，英宗命之；郕王監國，太后命之；郕王即位，亦英宗有旨、太后有詔，郕王豈篡之耶？但即位未幾，即更立太子，改册皇后；上皇將歸，不欲以禮迎之，上皇既歸，又于南宮置之至八年之久；既不能輔立太子，又不肯歸位英宗，固位三心，卒致有奪門之禍，終不能免後人議之也。

秋七月。

冬十二月，帝有疾。

以工人蒯祥、陸祥爲工部侍郎。○注：時稱爲匠官。

丁丑，八年。○注：英宗睿皇帝復位，又在位八年，改景泰八年爲天順元年。春正月，武清侯石亨、右都御史徐有貞等以兵迎上皇於南宮，遂復位。○注：初，帝不豫，王文與太監王誠謀，欲立襄王世子爲東宮。太監興安諷羣臣，請復立舊東宮。王文曰：『安知朝廷之意在誰？』羣臣乃請早擇元良，以安人心，不報。石亨知帝疾必不起，乃與徐有貞、曹吉祥等謀迎英宗復位，可邀功賞。遂揚言敵騎且薄都城，又言王文、于謙取金牌勅符迎襄王世子去矣。吉祥白孫太后，命亨等率兵以迎。吉祥收取諸門鑰，夜四鼓，開長安門，遂薄南宮，毁垣壞門而入，掖英宗升輿，遂復位。

以徐有貞入内閣，預機務。下少保兵部尚書于謙於獄。以許彬、薛瑄爲禮部侍郎，入内閣，預機務。○注：彬以石亨薦，瑄乃楊善薦也。改元，大赦。○注：詔改景泰八年爲天順元年。

安南王黎濬爲庶兄琮所弑而自立，僭號『天興』。

殺于謙、王文，籍其家。戍陳循、江淵于鐵嶺衛。斥蕭鎡、商輅爲民。○注：謙死之日，陰霾四翳，天下冤之。

二月，廢景泰帝仍爲郕王，遷之西内。○注：以太后制廢之。復皇后吴氏廟號，削肅孝皇后杭氏位號，改稱懷獻太子爲懷獻世子。高穀罷。以吏部侍郎李賢入内閣，預機務。郕王薨。○注：諡曰『戾』。毁所營壽陵，葬金山，與妖殤諸王公王墳相屬，妃唐氏等俱殉葬，并欲令汪妃殉。李賢不可，乃止。

二月，復立沂王見深爲皇太子。

安南大酋黎壽域等起兵，殺琮而立濬弟灝，僭號『光順』。

夏六月，下徐有貞于獄。尋竄金齒，貶李賢爲參政。以通政司參議吕原入内閣，預機務。禮部侍郎薛瑄致仕。以翰林院修撰岳正入内閣，預機務。秋七月，承天門災。許彬罷，復以李賢入内閣。謫岳正爲欽州同知，尋下獄戍肅州。九月，以太常卿彭時入内閣，預機務。

釋建庶人文奎。	釋建庶人文奎。○注：文奎，建文少子也。成祖幽之中都，號建庶人①。文帝憐其無罪久繫，釋之。文奎繫時方二歲，至是五十七歲出，見牛馬亦不識。未幾，卒。		也先爲其下所殺。
戊寅，二年，春正月，上皇太后尊號。夏六月。冬十一月。		雲南總兵沐璘卒，沐瓚爲都督同知征南將軍，鎮守雲南。	孛來毛里孩、阿羅忽寇延寧、甘涼。
己卯，三年，春二月，遣御史及中官採珠廣東。幸太監曹吉祥宅。			

①『成祖幽之中都，建庶人』當作『幽之中都廣安宮，號爲建庶人』。

夏四月。

冬十月，詔霜降後録囚，著爲令。

方瑛大破貴州苗。〇注：生擒千把豬等送京師磔之。〇瑛前後討用湖、貴州諸苗，克寨幾二千，俘斬四萬余，平苗之功前此莫與比者。

庚辰，四年春正月。

石亨及其從子彪伏誅。〇注：亨弟侄家人冒功錦衣者五十余人，部曲親故竄名奪門籍得官者四千餘人。兩京大臣，斥逐殆盡。日燕見參預政事。所請或不從，即艴然見于辭色。帝不能堪，因法司劾其謀不軌于獄，論死。

夏四月，大雨雪。秋七月朔，日食。

八月。

韃靼孛來入寇。

辛巳，五年，夏五月。

六月，彗星見。

秋七月，河決開封。

九月，京師地震有聲。冬十一月朔，日食。

殺弋陽王奠堅①。○注：逯杲誣堅母子亂也。人咸以爲寃。

曹吉祥及其養子欽反，懷寧伯孫鏜討之，伏誅。

壬午，六年，夏五月，

都督僉事顏彪破兩廣猺。

①「堅」當作「壏」。下同。

秋九月，皇太后孫氏崩。

冬十一月，葬孝恭皇后。癸未，七年，春二月，以陳文爲禮部侍郎入內閣，預機務。夏五月朔，日食。秋閏七月，復宣宗廢后胡氏位號。

甲申，八年，春正月，帝崩。遺詔罷宮嬪殉葬。太子見深即位。

○注：自元年春，大藤峽猺爲亂，兩廣苗獞蠭起，廣西殘毀殆遍。前年，帝命彪討之，攻破七百餘寨。

毛里孩、阿羅出、孛羅出入河套。○注：河套，即周之朔方，漢之定襄郡，趙元昊所據以爲國者也。

三月，尊皇后爲慈懿皇太后。貴妃周氏爲皇太后。放宫人。加李賢少保兼華蓋殿大學士。復岳正翰林院修撰。夏四月朔，日食不見。五月，葬裕陵。秋七月，立皇后吴氏，八月廢之。冬十月，立妃王氏爲皇后。○注：帝居東宫時，萬貴妃擅寵。后既立，摘其過，杖之。帝怒，废。居别宫。王后處之澹如也。以是得安。

致仕禮部侍郎薛瑄卒。○注：瑄初學于高密魏希文、海寧范汝舟，聞濂洛之傳其學，以復性爲主，卒年七十二，謚文清。始置皇莊。○注：以没人曹吉祥地爲宮中莊田，皇莊之名自此始。

憲宗純皇帝。○注：名見深，英宗子，在位二十三年，壽四十歲。

乙酉，成化元年春正月。

二月，昭雪于謙冤。○注：帝曰：『朕在東宮時，即聞謙冤。謙有社稷之功而受無辜之慘，所司急如敵言施行！』御史趙敔言也。釋謙子冕還家，明年，復冕官。遣行人往祭謙墓。謙，錢塘人，字廷益。帝耕籍田。○彗星見。

薛瑄卒。

遣都督趙輔、僉都御史韓雍討廣西猺。

三月，帝視國子監。秋八月，兩畿、湖廣、浙江、河南饑。

冬十一月。

荊、襄盜起，命朱永、白圭討之。○注：劉通，石龍劉長子，聚衆大掠鄧、襄等處。

韓雍破猺于大藤峽。○注：初，國子監生封登奏：潯州夾江諸山險峻，中有大藤如斗，延亘兩崖，勢如徒杠，蠻衆蟻度[①]，號『大藤峽』，登峽巔，數百里顧盼可盡，諸蠻倚爲粵[②]區，殘毀廣東，又越湖廣、江右，日益蔓延，乞調兵剿滅。

韃靼毛里孩寇延綏。○注：初，韃靼人寇，或在遼東、宣府、大同，或在寧夏、莊浪、甘肅，去來無常，爲患不久，景泰初，始犯延慶，然部落少，不敢深入。天順間，有阿羅出者，率屬潛居河套，遂遍[③]近西邊。

①『度』，後作『渡』。②『粤』當作『奥』。③『遍』當作『逼』。

丙戌，二年，春二月，南畿大饑。

冬十二月，少保華蓋殿大學士李賢卒。

前年，命趙輔、韓雍率兵討之，倍道進，長驅至峽口，攻破山南諸巢，追躡至九層崖等山，用斧斷藤，改名『斷藤峽』，賊党悉平。召輔還，封雍爲『武靖伯』，留兩廣提督軍務。

遣右都督李震討靖州苗，破之。

○注：湖廣、靖州、銅鼓、五開、武岡等苗爲患，李震督軍破八百餘寨。

李賢卒。

河套，古朔方地[①]，唐張仁愿築，三受降城處也。地在黃河南，自寧夏至偏頭關，延袤二千里，饒水草，外爲東勝衛。東勝而外，土地平衍，敵來，不能隱，明初守之，以曠絕內徙。至是，孛來小王子、毛里孩等先後繼至，擄中國人爲鄉導，抄掠延綏，無虛日矣。

①『地』當作『郡』。

○注：公字原德，鄧州人，宣德八年進士。恭莊端重，練達政務，不屑爲小，廉曲謹荐，明①耿九疇，軒輗、年富、王竑、李秉、程信、姚夔等皆爲名臣。卒贈太師，謚元達。以太常寺卿劉定之入内閣預機務。

丁亥，三年，春二月朔，日食。御經筵。三月，召商輅復入内閣。夏四月，地震。○注：自去年六月至于是月，四川地三百七十五震，諭所在官更修省。雷震南京午門，詔群臣修省。

冬十二月。

杖謫翰林院章懋、黄仲昭，檢討莊泉。

①「明」當作「用」。

○注：帝以元夕張燈，命詞臣撰詩詞進奉。懋等三人同疏諫其不可，時以懋等與羅倫同稱翰林四諫。

戊子，四年，夏月，慈懿皇太后錢氏崩。秋八月，葬孝莊皇后裕陵。

陳文卒。

己丑，五年，夏五月，以禮部侍郎萬安入内閣，預機務。六月朔，日食。

秋八月，御經筵。

禮部侍郎劉定之卒。○注：公字子静，永新人，正統元年進士。公博學能文，性尤孝友，色温氣和，與物無忤。及居官，據理直言，畧無忌沮，卒，贈禮部尚書，謚『文安』。

冬十一月。

庚寅，六年，春二月，遣使分巡州郡。夏四月，旱。○注：北畿、山東、河南大旱，陝西、四川、山西、兩廣、雲南并饑。六月朔，日食。○大水。秋七月，皇子生于西内。○注：皇子即孝宗，母妃紀氏，賀縣人，本土[1]官女。征蠻俘入掖庭，警敏通文字，命守内藏。時萬貴妃專寵而妬後宮，有娠者，皆堕之。帝偶行内藏，妃應對稱旨，悦幸之，遂有娠。萬貴妃知而恚甚，令婢鉤治之，婢謬報曰病痞，乃謫居安樂堂，久之皇子生，使門監張敏溺焉。

起復韓雍總督兩廣。

①「土」上當補「蠻」字。

敏驚曰：『上未有子，奈何棄之？』稍哺粉餌飴蜜，藏之他室。貴妃日伺無所得。

辛卯，七年，春正月。二月，御經筵。冬十一月，立子祐極爲皇太子。十二月，彗星見于紫微。○注：光長竟天，正晝猶見，明年正月，乃滅。

壬辰，八年，春正月，太子祐極卒。○注：萬貴妃害之也。

夏四月，旱。秋，南畿、浙江大水。

以余子俊巡撫延綏。○注：子俊，青神人，景泰二年進士。

哈密人殺忠順王孛羅帖木兒，王母理國事。

癸巳，九年，春正月。三月，畿南、山東大饑，民相食。夏四月朔，日食。秋九月。			土[①]魯番據哈密。○注：哈密忠順王孛羅帖木兒卒，無子。土魯番酋阿力自稱速檀，乘機襲破，據其城。遣李文等討之。滿都魯、孛羅忽、乩加思蘭並入寇，王越擊破其孥于紅鹽池。
甲午，十年，春正月。三月。夏閏四月，築邊牆。○注：從餘子俊之請也○東起清水營，西抵花馬池，延袤于七百七十里，凡築城堡十一，邊墩十五，小墩七十五，崖砦八百十九。		命王越綜治三邊，罷總督兩廣韓雍。	

①『土』同『吐』，音译字。

秋九月朔，日食。冬十月。

十二月。

乙未，十一年，春三月，少保文淵閣大學士彭時卒。以禮部左侍郎劉珝、禮部右侍郎劉吉入內閣，預機務。乾清宫門災。夏五月，始召皇子於西内。

以項忠爲兵部尚書。

彭時卒。○注：時立朝三十年，持正存大體，有所論薦，不使人知。燕居無惰容。非其義不取，有古大臣風。

移哈密衛於苦峪。○注：李文等至卜隆吉兒川，諜報阿力集衆抗拒，文等不敢近，移哈密罕慎等于苦峪。

○注：帝自悼恭太子薨，常鬱鬱不樂。一日照鏡歎曰：『老將至而無子。』太監張敏伏地曰：『萬歲已有子也。』帝愕然曰：『安在？』懷恩頓首曰：『皇子潛養西内，今已六歲。匿不敢聞耳！』帝大喜，即日幸西内，使迎皇子。懷恩并傳帝意，宣示外廷。 六月，皇子母妃紀氏暴卒。秋八月，浚通惠河。○注：即大通河，元郭守敬所鑿也。九月朔，日食。 冬十一月，立子祐樘爲皇太子。 十二月，改謚郕戾王爲景皇帝。			滿都魯、乩加思蘭遣使入朝。
丙申，十二年，春二月朔，日食。夏五月，命副都御史原傑撫治荊、襄流民。		以朱英總督兩廣軍務。	

秋七月，黑眚見。九月，令太監汪直刺事。冬十月，京師地震。十一月，南京大雷雨。

丁酉，十三年，春正月，置西廠以太監汪直領之。○注：初，成祖置東廠，令宦官訪緝逆謀大奸，與錦衣衛均權。至是，尚銘領東廠，又別立西廠刺事，以汪直督之，所領緹騎倍東廠，勢遠出衛上。

夏六月，斥兵部尚書項忠爲民，謹身殿大學士商輅引疾歸。○注：以汪直刺事，商輅率同官項忠倡九卿劾之。直銜之，而戴縉等迎合直意，而構陷之也。

項忠致仕。

○注：忠，嘉興人，正統七年進士。達練吏事，曉暢軍務。家居二十六年卒，贈太子太保，謚『襄毅』。

秋八月，執錦衣衛工部尚書張文質下獄，帝釋之。九月，京師地震。

戊戌，十四年，春二月，皇太子出閣就學。夏六月，太白歲星同晝見。秋九月，河決開封。○注：遷滎澤縣城於河北，以避水患。

己亥，十五年，夏四月。五月，下兵部侍郎馬文升於獄，謫戍。○注：文升，字負圖，鈞陽人，景泰二年進士。生有異質，爲御史，巡晉、楚有名。

以方士李孜省爲太常寺丞。

辛丑，十七年，夏四月，命司禮監同法司録囚。○注：時，司禮監懷恩也。

秋七月，雷震郊壇外承天門。
冬十月。

壬寅，十八年，春二月，罷西廠。
夏四月。

六月。秋八月，大水。衛、漳、滹沱并溢，滹死數萬人。

以道士鄧常恩爲太常卿。

罕慎復哈密城。
○注：罕慎都督掯哈密王事，把塔木兒之祖因土番阿力襲據哈密城，罕慎等寄居苦峪十年，至是，率所屬兵襲復之。

韃靼寇延綏，擊敗之。

癸卯，十九年，夏六月。秋九月，召陳獻章爲翰林院檢討，尋乞歸。○注：獻章，字公甫。廣東新會人，正統十二年舉人。穎悟絶人，讀書一覽輒記。聞康齋講伊洛之覺，遂棄其學而學焉。

甲辰，二十年，夏六月，旱。○注：京畿、山東、湖、廣東、陝西、河南、山西、俱大旱。秋九月朔，日食。

乙巳，二十一年，春正月朔，星隕有聲，詔羣臣言闕失。三月，泰山震。○注：時，太監梁芳、韋興説萬貴妃，勸帝廢太子而立興王。會泰山震，占者謂應在東宮。帝懼，寢其事。

韃靼寇大同，官軍敗績。

秋八月朔，日食。

九月，劉珝罷。冬十一月，召馬升爲兵部尚書。十二月，以彭華爲吏部左侍郎，入内閣，預機務。○注：華，大學士時族弟也。與萬安、李孜省相結，得入閣。明年，逐尹旻、羅璟，人皆望而畏之。踰年，得風疾去。

丙午，二十二年，秋九月，罷南京兵部尚書王恕出，馬文升代之。○注：恕，三原人。正統十二年進士。

劉珝罷。○注：珝，壽光人。正統十三年進士。公秉心不疑，諒直無顧。卒，贈太保，謚文和。

逮廣東布政使陳選，道卒。○注：選，臨海人。天順三年進士，學醇行方，節財愛民，爲中貴所誤械。公赴京，徒步，

以户部左侍郎尹直入内閣，預機務。

丁未，二十三年，春正月，貴妃萬氏卒。秋八月，帝崩。九月，太子祐樘即位。冬十月，尊皇太后爲太皇太后，皇后爲皇太后，立皇后張氏。萬安罷。

人哭，留者千萬計。卒，贈光禄卿，謚恭愍。遣刑部侍郎何喬新聽訟播州。○注：喬新，江西廣昌人。景泰五年進士。何文淵之子。

追謚母紀氏爲孝穆皇太后。以禮部侍郎徐溥入内閣，預機務。十一月，召王恕爲吏部尚書，以馬文升爲左都御史。尹直罷，以劉健爲禮部侍郎入内閣，預機務。葬茂陵。

孝宗敬皇帝。戊申，宏治元年春正月。

二月，帝耕藉田。罷選淑女。

逮梁芳、李孜省等下獄，孜省死于獄。

以何喬新爲刑部尚書。

封哈密衛罕慎爲忠順王。

三月，帝視國子監。御經筵，命儒臣日講。起用言事降謫諸臣。冬十月。

土魯番殺忠順王罕慎，復據哈密。

己酉，二年，春二月，以馬文升爲兵部尚書，提督團營。夏五月，河決開封，入沁河。冬十二月朔，日食。賜故少保于謙謚忠愍。

下御史湯鼐于獄，戍之。馬文升爲兵部尚書。

庚戌，三年，春三月，設預備倉。○注：每十里積粟萬石，三年一次查盤，府、州、縣及軍衛官，視此升黜。

安南王黎灝死，子暉嗣，僭號景統。

冬十一月，有星孛於天津，詔羣臣言闕失。京師地震。

辛亥，四年，夏六月，地復震。秋八月。九月。冬十月，以禮部尚書邱濬兼文淵閣大學士。○注：尚書入閣，自濬始。

十二月，鳳陽陵火。○注：延九十餘里。

罷何喬新，以彭韶爲刑部尚書。○注：韶，莆田人。天順元年進士。有經術，練吏事，純懿貞方，并負重望。

土魯番以哈密來歸。

户部奏是歲天下户口之數：○注：户九百一十萬三千四百四十六，口五千三百二十八萬一千一百五十八。

壬子，五年，春三月，立子厚照爲皇太子。夏五月，求遺書。秋八月，劉吉罷。

冬十月，更中鹽法。○注：洪武初，以太①同糧②儲，路遠費重，令商人于大同倉入米一石，太原倉入米一石三斗，給長蘆鹽一引，引二百斤。鬻畢，即以原引赴所在繳之，謂之開中。至成化始，以銀易米也，然未嘗著爲令也。至是，召商納銀令運司，類解太倉分給諸邊。每引輸銀三四錢有差，視國初直加倍，太倉銀累至數百萬，然赴邊開中之法廢，商屯撤業，菽粟翔貴，邊儲日虛矣。

安南暉死，子敬嗣，僭號『泰貞』。未踰年而死，遺命立其弟誼，僭號『瑞慶』。

①『太』當作『大』。②『糧』是『粮』的異體字。

十一月，停納粟例。

癸丑，六年，春二月，河決張秋，以劉大夏治之。

夏四月。

閏五月，秋八月，京師大雨雹。

甲寅，七年，春三月，命兩畿捕蝗。秋七月，京師地震。

録常遇春、李文忠、鄧俞、湯和后裔，世襲指揮使。

王恕罷。彭韶罷。

土魯番復據哈密。○注：初，土番以哈密來歸，詔封元裔陜巴爲忠順王，欲以鎮諸番。未幾，諸番需索不得，阿黑麻率兵夜襲哈密，執陜巴去。

八月，以李東陽爲禮部侍郎兼翰林學士典誥勑。九月，南京地震。	乙卯，八年，春二月朔，日食。武英殿大學士邱濬卒。○注：濬，字仲深，瓊山人。景泰五年進士。公天資過人，孤貧，力學經史百家，箋疏古今文詞，至卜、醫、老、釋、外家、小説，靡不覽觀。以禮部侍郎李東陽、少詹事謝遷入內閣，預機務。○注：東陽，茶陵人。天順八年進士。遷，餘姚人。成化十一年修撰。
以李東陽爲禮部侍郎兼翰林學士典誥勑。	
	安南臣阮種、阮仲勝等，弑其主誼，其酋黎廣度等與國人聲其罪，盡誅阮氏黨與，表立故國王黎灝第二子沼之子晭，詔許之。○注：初，灝生二子，長即暉，次子沼，僞封錦江王。暉生敬、誼，沼生灝、晭。誼被害時，沼與灝俱先死，故國人立晭，而灝之子譓及弟愿以兄不得立。

秋七月，以宋楊時從祀孔廟。

丙辰，九年，冬十二月，刑部吏徐珪請革東廠，黜爲民。

丁巳，十年，春三月，召大臣議政文華殿。夏五月。

六月。

命户部侍郎劉大

小王子寇潮河川。○注：帝元年，小王子奉書求貢，自稱大元大可汗，許之。自是，與伯顏猛可及北部亦卜剌因王火節等往來套中，出入爲寇，諸虜相倚日强，遼東、宣大①、延綏俱被殘。詔起越總制甘涼軍務。

①『宣大』當作『宣府、大同』。

冬十月，簡閱禁兵。		夏督理宣大軍餉，起王越總制三邊軍務。	
戊午，十一年，春三月，皇太子出閣講讀。秋七月。九月，華蓋殿大學士徐溥罷。○注：溥，性凝重有度，在政府十二年，屢遇大獄，及逮，言官委曲調劑。冬十月，清寧宮災。○注：太皇太后宮也。十一月朔，日食。		王越襲小王子于賀蘭山，破之。徐溥罷。	
己未，十二年，夏四月。			火篩寇大同。
庚申，十三年，夏五月朔，日食。六月。			火篩寇大同。

秋七月，京師地震。			
辛酉，十四年，春正月朔，陝西、河南、山西地震。○注：朝邑震十七日，壞廬舍、壓死人畜無算。 夏四月。秋七月，掌國子監禮部侍郎謝鐸上言，請澄國學之源。○注：言：『人才選之科貢，然恐未精。奈何大開旁徑，如納馬、納粟之例，即他日貪利害民之媒。今邊事方殷，謀國之徒必有以比策獻者，萬一再行，則彝倫之堂，竟爲錢虜交易之地，豈不大可恥哉！』九月朔，日食。 冬十月。		以馬文升爲吏部尚書，劉大夏爲兵部尚書。	火篩及小王子連兵入寇。

十二月。

火篩等出河套。

壬戌，十五年，秋九月朔，日食。

癸亥，十六年，秋九月，桃李華。

甲子，十七年，春三月，太皇太后周氏崩，定祔廟制。夏四月，葬孝肅皇后於裕陵。○注：先是，帝召劉健等議祔葬禮，健等對曰：『先年奏議已定，孝莊太后居左，今大行太皇太后居右，合附裕陵，配享英廟。其實漢以前，惟一帝一后；唐始有二后；宋有三后并附者：一继立，一所生母也。』帝曰：『二后已非，三后尤非禮也。朕惟孝穆太后朕生身母，別祀于奉慈殿，今朕欲奉太皇太后于仁壽宮前殿，他日奉孝穆太后于後殿，其祥議之。』

吴寬等議曰：『魯頌姜源閟宫，春秋考仲子之宫，皆爲别廟。自漢唐以來亦然，宋始有并附祭者，原屬非禮，然皆諸帝繼室生前作配，非後世子孫嗣位，追尊所生之比，惟宋李宸妃，仁宗悲慟，追祔祭實不合禮。』于是，察孝肅周太后于奉慈殿中室，孝穆紀太后居左，中郊，稱合禮焉。

六月，雨雪。

乙丑，十八年，春正月。二月，御經筵。夏五月庚寅，帝召劉健、李東陽、謝遷顧命①，辛卯，崩。太子厚照即位。秋八月，尊皇太后爲太皇太后，皇后爲皇太后。

火篩入大同。

小王子入寇。

①『顧命』上脱『受』字，當補。

冬十月，葬泰陵。

武宗毅皇帝。○注：名厚照，孝宗子，在位十六年，壽三十一。

丙寅，正德元年，夏四月。秋八月，立皇后夏氏。冬十月，以劉瑾掌司禮監，華蓋殿大學士劉健、武英殿大學士謝遷、户部尚書韓文并罷。○注：健，字希賢，洛陽人，天順四年進士。公學問深粹，行淳履正。文，字貫道，洪洞人，成化二年進士。清心寡慾，凝厚純粹，居常抑抑，臨大事，斧斷霆擊之死不撓。以焦芳爲文淵閣大學士。

吏部侍郎馬文升罷，以焦芳代之。

吏部侍郎王鏊入内閣，預機務。

丁卯，二年，春正月朔，日食。三月，劉瑾矯詔，榜奸黨於朝堂。○注：劉健、謝遷既去，瑾猶矯詔，列健、遷及韓文、李東陽、王守仁等五十三人爲奸黨，榜示朝堂。夏五月，復寧王宸濠護衛。秋八月，作豹房。○注：帝爲羣閹蠱惑，于西華門外作豹房，朝久處其中。冬十月，以楊廷和爲文淵閣大學士。

戊辰，三年，夏六月，劉瑾執朝士三百餘人下獄。○注：有遺匿名書于御道數瑾罪者，因有此獄。

秋九月。

逮前兵部尚書劉大夏下獄，戍肅州。○注：大夏，華容人。天順三年進士。先以鎮守中官請按治董讓等貪殘，帝不能用，致仕歸。劉瑾與焦芳譖于帝曰：『籍大夏家，可當邊費十二。』遂又致其罪，乃下獄諭死。李東陽爲婉解，瑾[1]詗大夏家極貧，乃坐戍極邊，時大夏年已七十三矣。

己巳，四年，夏四月，王鏊罷。○注：鏊，字濟之，吳人。成化十一年進士。公清文高節，守道見幾，與焦芳同在内閣。劉瑾横甚，而芳專媕阿，鏊不能救，乞休去。家居十四年，廷臣交薦不起，年七十五卒，謚『文恪』。

①『瑾』上脱『且』字，當補。

六月，以劉宇爲文淵閣大學士，張綵爲吏部尚書。 秋。	五年，春二月，以曹元爲文淵閣大學士。 三月。 夏四月。五月，焦芳罷。六月，帝自稱大慶法王。
	安化王寘鐇反，遊擊將軍仇鉞討平之。○注：寘鐇，慶靖王曾孫也。與其黨周昂等，潛蓄與謀。
	以洪鐘總制川陝、河南、鄖陽軍務。
小王子寇延綏。	

○注：帝於佛經梵語無不通曉，自稱大慶法王。其後習韃靼語，自名忽必烈，習回回語，自名妙吉敖爛，習番僧語，自名頓古雅丹。秋八月，劉瑾伏誅。○注：楊一清與張永畫策誅之也。曹元以罪免。九月，以劉忠、梁儲爲文淵閣大學士。○注：儲，廣東順德人。

辛未，六年，春正月，以楊一清爲吏部尚書。○注：一清，雲南安寧州人。父徙丹徒。年八歲，以奇童爲秀才。成化八年進士。生而隱宮，貌類寺人，學博才雄，應變濟務，尤暢邊事，好汲引人才。

夏五月，前兵部尚書劉大夏卒。○注：贈太保，謚忠宣。

劉大夏卒。

冬十一月，劉忠罷，以費宏爲文淵閣大學士。

壬申，七年，秋八月，賜義子一百二十七人，并姓朱氏。○注：帝所悦中宫奴卒，輒收爲義子，亡虜亦與焉，并賜國姓。冬十一月，詔大同、宣府、遼東、延綏四鎮兵留京營。十二月，李東陽罷。○注：初，與劉健、謝遷等請誅瑾，健、遷詞色甚厲，而東陽少緩，故健、遷去，東陽獨留。至是，以老疾乞休，家居四年，卒。贈太師，謚文正。

癸酉，八年，秋八月。

土魯番據哈密。

甲戌，九年，春正月，乾清宮災。二月，以靳貴爲文淵閣大學士。夏五月，費宏罷。秋八月朔，日食。○京師地震。冬十一月。	废歸善王當沍爲庶人，當沍自殺。		
乙亥，十年，春正月，帝有事于南郊，逮暮成禮。夏閏四月，以楊一清爲武英殿大學士。十二月朔，日食。			
丙子，十一年，夏，大旱。秋八月，楊一清罷。以蔣冕爲文淵閣大學士。		以王守仁爲僉都御史，巡撫南贛汀漳。	安南鄭惟鐿、鄭綏與其黨陳真弒其主賙而立譓，僭號『光紹』。

丁丑，十二年，春正月，帝祀南郊，遂獵於南海子。夏四月，靳貴罷。五月，以毛紀爲東閣大學士。六月朔，日食。

秋八月，帝微行至宣府。

○注：鄭綏，灝之妻父。鄭惟鐘，譓之妻父。是時，鄭强且握柄于國，立賙原非其意，賙既立，多行不義，鄭惟鐘弑之。

安南臣阮宏裕等討鄭氏。鄭氏出奔，莫登庸諷羣臣推己典兵。

○注：登庸，荊門人。世業漁，以武舉爲都將，陳暠參督歸。黎譓累戰功，封武川伯，鎮海陽。賂譓左右，入柄軍政，加太傅，封仁國公。既得志，漸除譓左右，易所新信防守之。

九月，帝自稱總督軍務威武大將軍總兵官。冬十一月，召楊廷和復入閣。○注：初，廷和以憂去。

戊寅，十三年，春正月，帝還京師，留十四日，復如宣府。二月，皇太后王氏崩。帝還京師。夏五月朔，日食。六月，葬孝貞皇后。①

①此處往下漏掉了以下內容：『秋七月，帝自加封鎮國公。復如宣府』和『己卯十四年』至『辛巳十六年』的內容。這部分內容錯放在第2443頁至2444頁的『五月梁儲罷』。參見中華書局編《四部備要》第50册581頁卷十三(六一)至582頁卷十三(六二)。據中華書局1936年版影印。1939年3月第一版。

以袁宗皋爲文淵閣大學士。九月，葬康陵。

江彬伏誅。

世宗肅皇帝。○注：名厚熜，憲宗之孫，興獻王之子，在位四十五年，壽六十。壬午，嘉靖元年。

春二月。

甘州軍亂，殺巡撫許銘。

安南譓潛起兵攻莫登庸，反爲所敗，出奔清華。登庸乃僞立愿[①]，亡何酖愿[②]并其母殺之而自立，國號『大越』，改元『明德』。○注：時，譓尚據清、華、廣、南等四處，登庸立其子方瀛居守，自稱太上皇，率兵攻譓。

①「愿」当作「廮」。②同上。

三月，上皇太后尊號，并上武宗皇后尊號。秋九月，立皇后陳氏。冬十月，壽安皇太后張氏崩。	癸未，二年，春正月，葬孝惠皇太后於茂陵。歲星太白同晝見。夏四月，旱。閏月，帝始修醮於宮中。秋七月，南畿大水。
	劉忠卒。毛澄罷。
譿人眾，牢國憤死。子寧甫七歲，故臣共立子于漆，馬江、鄭惟鐐以黎寧命來請兵，以仇鸞、毛伯温、蔡經等，分兵入討。	

甲申，三年，春正月，兩畿、河南、山東、陝西同時地震。二月，楊廷和罷。○注：廷和，新都人。成化十四年進士。公以少師進太傅，力諍大禮，去，削籍。其子慎，正德六年進士第一人。亦以論大禮杖闕下，謫戍雲南。夏五月，蔣冕罷，以石瑶爲文淵閣大學士。秋七月，詔稱獻皇帝爲皇考，羣臣伏闕諫，戍學士豐熙等於邊，杖員外郎馬理等于廷。○注：自是，孝宗遂改爲皇伯考矣。○按宋真宗咸平元年，禮院言太祖廟宜稱皇伯，有詔集議，張齊賢等曰：『天子絶旁期廟中，安得有皇伯之稱？爲人後者，謂之子，所以尊本祖，而重正統也。請自今有事于太廟，太祖室，宜稱孝孫；太宗室，宜稱孝子。夫太宗以太祖爲父，常情鮮不驚駭，揆以三傳譏先禰後祖之義，則張公實古之達禮者。春秋文公二年，大事于太廟，路僖公

《公羊》曰：『譏逆祀也。先稱而後祖也。』何休《注》：『僖公以臣繼閔公，猶子繼父，故閔公于文公爲祖。』《穀梁》曰：『先親而後祖也。』楊士勳疏：『親謂僖公，祖謂閔公。《左傳》子雖齊聖不先父食。』」杜《注》：『臣繼君，猶子繼父。』胡安國《傳》曰：『兄弟不先君臣，故『三傳』同以閔公爲祖，僖公父視，閔公爲禮。』徐氏乾學曰：『僖雖閔之庶兄，而既承其統，則降而爲子矣；閔雖文之從父，而既子乎，僖則尊而爲祖矣。王侯之家，臣子一例，生可以諸父、昆弟爲臣，則其死豈不可以諸父、昆弟爲子，閔公之薨，僖公行三年之喪，是子爲父之服，既服，子之服，豈不可正子之名？《三傳》俱指閔、僖爲父子，有明證也。』據此，非特不當考興獻，并不當考孝宗，當考武宗，此不易之論也。毛紀罷。○注：爲請宥伏闕諸臣罪也。

八月，以賈詠爲文淵閣大學士。冬十二月，起楊一清爲兵部尚書，總制三邊。

大同軍亂，殺巡撫張文錦。起楊二①清總制三邊。

乙酉，四年，春正月，仁壽宮災。作世廟。○注：後更名獻皇帝廟。秋八月，營仁壽宮。南畿地震。○注：是歲，天下地震，凡六十有三。冬閏十二月朔，日食。

①「二」當作「一」。

丙戌	丁亥
丙戌，五年，夏五月，召楊一清復入閣。秋九月，章聖皇太后有事于太廟、世廟。	丁亥，六年，春三月。費宏、石瑤罷。〇召謝遷復入閣。三月，前少保謹身殿大學士劉健卒。〇注：健，致仕家居，帝登極，屢賜存問，比之司馬光、文彥博。卒，年九十有四，贈太師，謚文靖。以翟鑾爲吏部侍郎入內閣，預機務。夏五月朔，日食。以羅欽順爲吏部尚書。辭不拜。〇注：欽順見璁蕚用事，屢召不起，潛心格致之學。卒，謚『文莊』。
	劉健卒。
小正子寇宣府。	

秋八月，下刑部尚書顔頤壽等于獄，賈詠罷。以桂萼爲禮部尚書。冬十月，以張璁爲文淵閣大學士。

○注：璁後改孚敬，永嘉人。正德十五[1]年進士。

戊子，七年，春二月。三月，謝遷罷。夏六月，頒《明倫大典》于天下。削前華蓋殿大學士楊廷和籍。

○注：《明倫大典》，即《大禮集議》成，璁、萼等請彙爲全書，并備書大臣進退、百官譴謫，以頒示天下。

王守仁撫降田州蠻。

起王瓊爲兵部尚書，總制三邊。

○注：瓊，係萼璁輩人。

①「五」當作「六」。

秋九月，冬十月，皇后陳氏崩。十一月，立妃張氏爲皇后。

王守仁平斷藤峽猺。

土魯番寇肅州，王瓊請令入貢，詔許之。

己丑，八年，春正月，兵部尚書兼左都御史、新建伯王守仁卒。二月，以桂萼爲武英殿大學士。

王守仁卒。

○注：守仁，餘姚人。宏治十二年進士。公智計絶人，用兵神秘，討賊平逆，所向有功。講格致之功，當返諸心，不當求諸事物，故其爲教，以致良知爲主。

三月，葬悼靈皇后于禊兒裕。夏六月，前少帥華蓋殿大學士楊廷和卒。○注：隆慶初，贈太保，謚文忠。秋八月，張聰、桂萼罷。九月，召張聰還，楊一清罷。

冬十月朔，日食。復召桂萼入閣。

庚寅九年，春三月，皇后親蠶于北郊。夏四月，前華蓋殿大學士楊一清卒。○注：爲璁、萼所軋，疽發背死。久之復其官，謚文襄。

戍刑部員外郎邵經邦于邊衛。○注：因日食之災，疏張、桂不當復用也。

冬十一月，更定孔廟祀典，尊孔子曰『至聖先師』。〇注：張聰言孔子宜稱『至聖先師』，不稱『王』，宜用太主配位，公侯伯之號宜去，止稱先賢先儒。

辛卯，十年，春正月，桂萼罷。〇注：萼，性狠愎，構害不下數十百人。夏六月，雷震午門。〇閏月，前少傅武英殿大學士謝遷卒。秋七月，張孚敬罷。〇注：即璁以犯帝嫌名請改。九月，以李時爲文淵閣大學士。〇注：自張桂與費宏、楊一清相傾軋，讙囂不已。孚敬罷，翟鑾獨秉政兩目[①]，孝[②]時入，兩人遜順，無齟齬，政府稍寧。以夏言爲禮部尚書。○注：諸事取決于言，翟、李充位而已。冬十一月，召張孚敬復入閣。

壬辰，十一年，春正月，祈穀於圜丘。命武定侯郭勛攝事。○注：遣代自此始。夏五月，以方獻夫爲武英殿大學士。秋八月，彗見、星見東井。張孚敬罷。

癸巳，十二年，春正月，召張孚敬復入閣。秋八月朔，日食。

①「目」當作「月」。②「孝」當作「李」。

冬十月，下建昌侯張延齡于獄，削昌國公張鶴齡爵。〇注：鶴齡、延齡皆昭聖皇太后弟也。

大同兵亂，殺總兵官李瑾。

甲午，十三年，春正月，廢皇后張氏，立德妃方氏爲皇后。夏四月，方獻夫罷。六月，南京太廟災。

乙未，十四年，春正月，莊肅皇太后夏氏崩。〇注：武宗皇后，帝嫂也。二月，作九廟。

三月，葬孝静皇后。夏四月，張孚敬罷。〇注：孚敬，持身廉，痛惡贓吏。苞苴路絶。惟性狠愎。欲力破人臣私黨，而已失①。

遼東軍亂，囚巡撫呂經。

①「失」當作「先」。另外，此處内容下接第2445頁的「爲黨魁」段内容。因爲第2343頁至2344頁的内容應當放在第2331頁「六月葬孝貞皇后」後面的。

秋七月，帝自加封鎮國公，復如宣府①。		王守仁平江西賊。○注：破賊巢三十有八，斬首三千有奇，四道積年逋寇悉平。	
己卯，十四年，春二月，帝還京師。京師地震。帝自加太師勅諭，南巡。夏六月，宸濠舉兵反。秋八月，帝自將擊宸濠。冬十二月，帝如南京。	寧王宸濠反。	宸濠舉兵反，王守仁討平之。	
庚辰，十五年，秋閏八月，帝發南京。九月，漁于積水池，遂有疾。○注：帝至清江浦，幸太監張陽第。踰三日，泛小舟漁于積水池，舟覆溺焉。掖帝出，自是遂不豫。冬十月，至通州。十二月，誅宸濠。帝還京師。			

①此段至2444頁『江彬伏誅』的兩頁内容，當補在2331頁的『六月葬孝貞皇后』後面。

辛巳，十六年，春三月朔，日食。帝崩于豹房。夏四月，迎興王厚熜至京師，入即位。○注：帝之未至京師也，楊廷和總朝政三十七日，中外倚以爲安。及草登極詔，草正德中弊政，恤録言事諸臣，中外大悦。召費宏復入閣。詔議崇奉興獻王典禮。○注：因楊廷和等執奏再三，乃稱孝宗曰皇考，慈壽皇太后曰聖母。興獻帝后止稱本生父母。至年春，尊興獻帝爲本生皇考、恭穆獻皇帝，興國太后爲本生聖母章聖皇太后。五月，梁儲罷。○注：爲黨魁。帝以『議禮』故，始終恩眷，常稱少師，蘿山而不名。召費宏復入閣。

江彬有罪，下獄。

九月，華蓋殿大學士費宏卒。

〇注：宏，恭慎謙抑，明習國家故事，持重得大體。三入政府，以功名終。卒，贈太保，謚文憲。

丙申，十五年，春正月。夏五月，毁禁中佛殿。

冬十二月，以夏言爲武英殿大學士。

以劉天和爲兵部左侍郎，總制三邊。

以道士邵元節爲禮部尚書。

吉囊大舉入寇，劉天和遣將擊敗之。

〇注：時，小王子稍厭兵，徙幕東方，分諸部落在西北邊甚衆。曰吉囊、曰俺答者，皆千。小王子爲從父行，雄黠，起兵居河套，爲諸部長，相率蹂躪諸邊。

丁酉，十六年，夏五月，雷震謹身殿。冬十一月，故昌國公張鶴齡下獄死。○注：奸人班期，于雲鶴告延齡兄弟挾左道咒詛，逮鶴齡下詔獄。太后衣敝襦席藁爲請，不得。鶴齡瘐死獄中。

戊戌，十七年，夏六月，詔議明堂大饗禮。下户部侍郎唐胄于獄。○注：以胄疏獻皇帝不得稱宗配天也。秋八月，以顧鼎臣爲文淵閣大學士。九月，尊獻皇帝號睿宗，祔於太廟。

○注：既毀佛殿，又罷道士，總因其惑之未解也。

冬十一月，章聖皇太后蔣氏崩。李時卒。

李時卒。

己亥，十八年，春二月，立子載壡爲皇太子。起翟鑾爲兵部尚書行邊，以曾子裔孫質祥爲世襲五經博士。帝如承天，謁顯陵。夏四月，還京師，彗星見。六月，雷震奉先殿。秋閏七月，葬慈太后。

封載垕爲裕王，載圳爲景王。

庚子，十九年，春正月，召翟鑾復入閣。

秋八月。九月，冬十月，顾鼎臣卒。	辛丑，二十年，春二月。夏四月，九廟災。
殺太僕卿楊最。○注：帝聽方士言，欲服食木仙。最抗疏諫之。帝怒，下獄杖殺之。隆慶初，贈最副都御史，謚忠節。	下監察御史楊爵於獄。○注：帝經年不視朝，日事齋醮。爵諫之，觸其怒，下獄。
劉天和敗吉囊于黑水苑，斬其子小十王。	置安南都统使司。○注：毛伯温督師抵廣，檄諭登庸入鎮南關，上土地軍民籍，請永爲藩臣。

秋八月，昭聖皇太后張氏崩。冬十月，葬孝康皇后。

壬寅，二十年，秋七月朔，日食。夏言罷，以嚴嵩爲武英殿大學士。○注：嵩，分宜人。無他才畧，惟一意媚上，竊權罔利。帝英察自言，果刑戮，頗護己①，嵩以故得因事激帝怒，戕害人以成其私，誅斥者不可勝計。九月，作雷壇，錮工部員外郎劉魁于獄。冬十月，宫婢楊金英謀逆伏誅，殺端妃曹氏。○注：帝宿曹妃宫，宫婢楊金英伺帝熟寢，以組縊帝項，未絶。有走告后者，后馳救得甦。

帝喜，詔改安南國爲安南都統使司，授登庸都統使。

俺答寇山西。○注：時吉囊已死，諸子狼台吉等散處河西，勢②分，惟俺答獨盛，屢使求貢。大同巡撫龍大有誘縛其使，用計擒獲，詔磔于市。敵怒，舉兵大寇。

①『己』下當補『短』字。②『分』上當補『既』字。

后命捕宮人雜治，知王寧嬪實首謀。又言端妃亦與知。時帝疾悸不能言，后傳旨收端妃等悉磔于市。久之，帝始知妃冤。			
癸卯，二十二年，春正月朔，日食。冬十月。			朶顏入寇。
甲辰，二十年，秋八月，翟鑾罷。九月，以許讚爲文淵閣大學士，張璧爲東閣大學士。○注：時，大權一歸，嚴嵩、讚、璧不得預票擬。冬十月。十一月。		加方士陶仲文少師。	小王子入寇。
乙巳，二十四年，夏五月朔，日食。前少師華蓋殿大學士毛紀卒。	楚世子英耀弒其父，顯榕伏誅。		

〇注：紀歷事四朝，持正不阿。家居三十年，卒，謚文簡。

秋八月，張璧卒。〇九月，召夏言復入閣。〇注：帝微覺嵩貪橫，復召用言。言至，直陵嵩，出其上。凡所批答，畧不顧嵩，嵩銜刺骨。冬十一月，許讚罷。

毛紀卒。張璧卒。

丙午，二十五年，春三月。夏四月。秋八月，天鼓鳴。冬十月，故建昌侯張延齡棄市。

以兵部侍郎曾銑總督陝西三邊軍務。

四川白草番亂，遣何卿討平之。

丁未，二十六年，秋七月，河決曹縣。冬十一月，大内火，釋楊爵等於獄。皇后方氏崩。

戊申，二十七年，春正月，夏言罷。三月。夏五月，葬孝烈皇后於永陵。秋七月，京師地震。冬十月，殺前華蓋殿大學士夏言。

殺總督侍郎曾銑。○注：初，仇鸞鎮甘肅，以貪贖爲銑所劾，遂逮繫。嵩雅親鸞，至是代鸞草奏，誣夏言納銑金，坐銑交結進侍，律斬西市，妻子流二千里，并逮言下吏。

○注：會俺答居庸。嵩謂夏言：『曾銑等收復河套，故報至此。』遂殺。言妻蘇氏流廣西，子孫削籍。隆慶初，詔復官，謚『忠愍』。

己酉，二十八年，春二月，以張治爲文淵閣大學士，李本爲少詹事，入内閣，預機務。三月朔，日食。○皇太子載壑卒。秋七月。

俺答寇宣府，大同總兵周尚文擊敗之。倭寇浙東。

○注：舊制，浙江設市舶提舉司。海舶至則平其直。及嘉慶初，癈提舉不設。奸人闌出中國，財物與番互市，初猶商主之，及嚴通番禁，遂移之貴官勢家，頗抑勒其直。倭怨糾党入掠，巡撫朱紈捕通番九十餘人，斬之。

九月。

而言官劾紈，紈暴卒。亂益甚，終嘉靖世無寧日。朶顔三衛犯遼東。

庚戌，二十九年，秋八月，俺答犯京師。○注：寇薄都城，諸營兵城守僅老弱四五萬人。索武庫甲仗，庫勒賄不時發，久之不能軍。大同、保定各率兵至，制下犒師牛酒諸費無所出。户部文移往復越二三日，軍士始得數餅餌。帝趣戰，甚急，丁汝夔以咨嚴嵩。嵩曰：『塞上敗可掩，輦下敗不可掩，寇飽自颺去耳。』鸞等又不敢戰。寇禁掠三日始引去。

九月，以仇鸞總督京營戎政。

廢鄭王厚烷爲庶人。○注：帝修齋醮，諸王爭遣進者，獨王上《居敬》《窮理》《克己》《存誠》四箴，《演運珠》十章，以神仙、土木爲誡。帝怒，下其使于獄。

謫中允趙忠吉爲荔波典史。

俺答犯京師。

冬十月，張治卒。十二月，祧仁宗，附孝烈太后于太廟。

孟津王祐善遂訐厚烷謀不軌。訊無左驗，廢爲庶人，幽之鳳陽。其世子載堉痛父非罪見繫，築土室宮門外，席藁獨處者十九年。隆慶初，厚烷復爵，載堉入宮。

辛亥，三十年，春三月，開馬市于大同宣府。○注：楊繼盛劾仇鸞開馬市之弊，詔貶狄道典史。秋九月，京師地震。

戍錦衣衛經歷沈鍊于邊。○注：以劾嚴嵩黷賄，暨夏邦謨陷諛狀也。

壬子，三十一年，春三月，以徐階爲東閣大學士。秋七月，八月，仇鸞死，詔戮其屍。罷馬市。冬十月，築京師外城。○注：以寇警故，築外城一十五里，閱九月訖工。

以王忬巡撫浙江，備倭。

癸丑，三十二年，春正月朔，日食不見。秋七月，俺答大舉入寇。○注：警報日數十至，京師戒嚴。薊遼總督楊溥力禦之，乃遁。

俺答大舉入寇。

甲寅，三十三年，春正月。

杖六科給事中于廷。

夏五月。

〇注：以賀表違制盡子杖。命張經總督江、浙軍務，討倭。

乙卯，三十四年，春二月。

遣趙文華督視海防。殺兵部尚書張經。〇注：文華諂事嚴嵩，結爲父子。東南倭患棘，文華請遣大臣祭東海。帝即命文華往，兼督察軍情。文華恃寵恣睢，又牽制兵機。至江南，屢趣經進兵。經恐洩師期，不以告。文華怒，劾經養寇失机。疏方上，經大破倭于王江涇。文華攘其功，謂己。與胡宗憲督師所致，嚴嵩從中構之，遂逮經下獄。至是，斬西市。

冬十月。十一月朔，日食。○山西、陝西、河南地震。

殺兵部員外郎楊繼盛。○注：帝既罷馬市，乃思繼盛言，自典史四遷，復爲員外郎。繼盛復劾嚴嵩，十罪五姦。嵩密構于帝，下繼盛詔獄，備極慘酷論死。繫三載，會張經、李天寵坐大辟，嵩知帝意必殺二人，因附繼盛名并奏。繼盛妻張氏上書請代夫死，嵩屏不上，遂斬西市。臨刑，詩曰：『浩氣還太虛，丹心照千古。生平未報恩，留作忠魂補。』天下涕泣，傳誦之。○繼盛，容城人。

丙辰，三十五年，春二月。

夏五月。

秋九月。

徽王載埨有罪，廢爲庶人，自殺。○注：載埨，性淫虐。

以趙文華爲工部尚書，胡宗憲總督軍務。

復遣趙文華視師。○注：已命沈良材矣，嵩令文華自請行。既而，胡宗憲俘陳東平、徐海，文華以大捷聞，帝喜，加文華少保。

丁巳，三十六年，夏四月，奉天、華蓋、謹身三殿災。

秋九月。

趙文華有罪，黜爲民，其子懌思戍邊。

冬十一月。

○注：帝聞其視師江南，黷貨要功狀。殺前錦衣衛經歷沈鍊。胡宗憲誘降海盜，汪直誅之。

辛愛圍大同右衛。○注：辛愛，俺答子。

戊午，三十七年，冬十月，禮部進瑞芝。○注：進一千八百六十本。

己未，三十八年，春二月，秋七月，南京地震。

辛愛寇灤河。

庚申，三十九年，春正月。

以鄢懋卿總理鹽政。○注：舊制無一人總四連司者，至是，懋卿以嚴嵩力爲之，所至市，勸納賄，勢焰薰灼。淳安縣知縣海瑞供帳簡，抗言貧邑

二月。

不能容軒車。卿嗾巡鹽御史劾之，削籍。南京兵亂，殺總督糧儲侍郎黃懋官。

辛酉，四十年，春二月朔，日食。三月，太白晝見。○秋七月朔，日食。冬十一月，以袁煒爲武英殿大學士。萬壽宮災。

景王載圳之國。○注：初，莊敬太子薨，廷臣言裕王次當立。不報。帝晚年信方士語，二王不得見。載圳年少，左右頗懷覬覦，至是之國。德安居四年，薨，無子，國除。

壬戌，四十一年，夏五月，嚴嵩以罪免，其子世蕃下獄。秋九月，三殿災。冬十一月，分遣御史求方書。		倭陷興化府，總兵俞大猷、副總兵戚繼光擊破之。	
癸亥，四十三①年，冬十月。			辛愛、把都兒入寇，京師戒嚴。
甲子，四十三年，春二月，夏五月朔，日食。	伊王典楧有罪，廢爲庶人，國除。○注：典楧强横。		
乙丑，四十四年，春三月，袁煒罷。嚴世蕃伏誅。		嚴世蕃伏誅。○注：世蕃，戍雷未至而返，勢焰益熾。袁州推官郭諫臣巡按，御史林潤盡發其罪狀，遂棄市，籍其家。	

①「三」當作「二」。

夏四月，以嚴訥、李春芳爲武英殿大學士。冬十一月，嚴訥罷。

丙寅，四十五年，春二月。三月，以郭樸爲武英殿大學士，高拱爲文淵閣大學士。○注：樸、拱皆由徐階薦，召入直廬，至是入閣。夏四月朔，日食。○六月，旱。

冬十月。

十一月。帝有疾。○注：以服方士王金等所獻丹藥故也。

下户部主事海瑞于獄。○注：瑞疏言：『朝政日弛。』元修謬妄下獄，論死，會帝有煩悶疾。穆宗嗣位，乃釋之。

俺答寇大同。

十二月，帝崩，裕王載垕即位。○注：徐階草遺詔，召用建言諸臣[①]，死者卹録。方士付法司論罪，一切齋醮工作及政令不便者，悉罷之。

穆宗莊皇帝。○注：名載垕，世宗子，在位六年，壽三十六歲。丁卯，隆慶元年，春正月，罷睿宗配享明堂。追尊母杜氏爲孝恪皇太后。○二月，立皇后陳氏，以陳以勤爲文淵閣大學士，張居正爲東閣大學士。○注：以勤、居正俱侍裕邸講讀，至是，并參大政。三月，葬永陵。○注：孝潔肅皇后、孝恪皇太后同祔。

①『諸臣』上當補『得罪』二字。

夏四月，御經筵。高拱罷。秋八月，帝視國子監。 九月，郭樸罷。 冬十月。	戊辰，二年，春二月，帝耕籍田。三月，立子翊鈞爲皇太子。京師地震。 夏五月。
以王崇古總制三邊。	以都督同知戚繼光鎮薊門。○注：繼光至鎮，議建敵臺一千二百所，臺宿百人，二千里間，聲勢相接。節制嚴明，器械堅利，薊門軍容遂爲諸鎮冠。
俺答寇山西。	

秋七月，徐階罷。○注：帝即位以來，階所持諍，多宮禁事，行者十八九，中官多側目。階引疾，求退，許之。

冬十月。

遼王憲𤑹有罪，廢爲庶人，國除。○注：御史部光劾其淫虐僭擬，遣洪朝選勘實，免之。

己巳，三年，秋八月，趙貞吉爲文淵閣大學士。冬十二月，命廠衛刺部院事。召高拱復入閣。○注：拱，性强直自遂，頗快恩怨。及再入閣，盡反徐階所爲。○拱，新鄭人。

庚午，四年，春正月朔，日食。○夏四月，京師地震。秋七月，陳以勤罷。八月，河決邳州。冬十月，十一月，趙貞吉罷。以殷士儋爲文淵閣大學士。	辛未，五年，春三月，夏五月，李春芳罷。六月，京師地震。○冬十月，河南、山東大水。
罷户部尚書劉體乾。李成梁爲遼東總兵官。	
俺答孫把漢那吉内附，詔授指揮使，尋遣歸。	封俺答爲順義王。

十一月，殷士儋罷。

壬申，六年，春閏三月，帝有疾。夏四月，以高儀爲文淵閣大學士。五月，帝崩。○六月朔，日食。太子翊鈞即位。罷中極殿大學士高拱。高儀卒。○注：儀，性簡静，寡嗜好。入閣兩月，卒。貧，無以爲殮。謚文端。以吕調陽爲文淵閣大學士。○尊皇后爲仁聖皇太后，貴妃李氏爲慈聖皇太后。

○注：舊制：天子立，尊皇后爲皇太后，若有生母稱太后者，則加徽號以別之。馮保太監欲媚帝生母李貴妃，諷居正以并尊，居正不能違也。

帝御文華殿講讀。秋九月，葬昭陵。冬十二月，以宋儒羅從彦、李侗從祀孔子廟。

神宗顯皇帝。○注：名翊鈞，穆宗子，在位四十八年，壽五十八歲。

癸酉，萬歷元年，春二月，御經筵。

男子王大臣入乾清宫，伏誅。○注：初，馮保欲緣王大臣陷高拱，令家人辛儒教之①，納刃其袖中，但言：『自高閣老處來，欲陰行刺上。』既而，會葛守禮、朱希孝等會訊，大臣吐實言，自馮保來，

①『教之』當作『飲食之』。

秋九月。 冬十二月。 甲戌，二年，春正月，召見朝覲廉能官于皇極門。秋八月，淮揚、徐、河、海并溢。		前言自高拱者出保口，所有兇刀亦保僕辛儒所給，保懼，以生漆酒瘖大臣，移付法司坐斬，拱得自①。 以方逢時總督宣大軍務。 朶顔長秃犯塞，總兵官戚繼光擊擒之。○注：繼光在鎮十六年，薊門守甚固，敵無由入，盡轉而之遼，故李成梁獨擅戰功。

①『自』下脱『免』。

乙亥，三年，夏四月朔，日食既。秋八月，以張四維爲東閣大學士。河決碭山。冬十月，京師地震。			
丙子，四年，春二月，開草灣河。秋八月，帝視國子監。河決崔鎮。			
丁丑，五年，夏四月，秋閏八月朔，日食不見。冬十月，彗星見。		兵部尚書譚綸卒。○注：謚襄敏。綸三十年始終兵事，與戚繼光齊名。兵部尚書王崇古罷。	
戊寅，六年，春二月。		以潘季馴總理河漕。	

立皇后王氏。三月，以馬自强爲文淵閣大學士，申時行爲東閣大學士。秋七月，吕調陽罷。

冬十月，馬自强卒。

十二月，高拱卒。復其官。

○注：拱練政體，所建自多可行。初，在吏部，遍識諸司賢否，倉卒舉用，皆得人。始與張居正善，亟稱其才。至是，卒。居正奏復其官。謚文襄。户部奏天下户口之數：○注：户，一千六十二萬一千四百三十六；口，六千六十九萬二千八百五十六。

己卯，七年，春正月，毁天下書院。○注：時，士大夫競講學，張居正特惡之，盡改各省書院爲[1]公廨。

馬自强卒。

高拱卒。

①「爲」上補「院」字。

夏四月，張居正上《肅雝殿箴》①。			
庚辰，八年，夏四月。六月，南畿大水。 秋七月。		迤東都督王兀堂寇邊，李成梁擊敗之。 後軍都督府僉大猷卒。○注：大猷負奇節，以古賢自期。其用兵先計後戰，不貪近功，所在成功。謚武襄。	
辛巳，九年，夏四月，京師旱，南畿饑。		戎政尚書方逢時罷。○注：逢時，才略明鍊②，處置邊時③，悉協機宜。至是，以老病乞休，去其功名。與王崇古等人稱方王。	

①《肅雝殿箴》當作《雝肅殿箴》。②「鍊」與「練」同。③「時」當作「事」。

壬戌，十年，春正月，免天下逋賦。夏四月，京師旱疫。○彗星見。六月朔，日食。○加張居正太師。○以潘晟爲武英殿大學士，余有丁爲文淵閣大學士。○注：晟性貪鄙。太師中極殿大學士張居正卒。○注：贈上柱國，謚文襄。居正當國務，尊主權，覈名實。神宗初，政起衰，振惰幾於富强。然持法嚴，勇於自任，諸不便者多怨之。秋八月，子常洛生。○注：恭妃王氏所生。

速把亥寇義州，李成梁擊斬之。

癸未，十一年，春三月，追奪張居正官階。夏四月，張四維罷。○以許國爲東閣大學士。○五月，我太祖高皇帝起兵征尼堪外蘭，克圖倫城。冬十一月朔，日食。十二月，慈寧宮災。

甲申，十二年，春二月，京師地震。釋建文諸臣外戚之謫戍者。夏四月，籍張居正家。冬十月，余有丁卒。十二月，以王錫爵爲文淵閣大學士，王家屏爲東閣大學士。

詔以陳獻章、胡居仁、王守仁從祀孔廟。

乙酉十三年，春二月，京師旱，大雩。秋七月，雷震郊壇。八月，京師地震。

丙戌，十四年，春二月，册鄭氏爲皇貴妃。○注：妃鄭氏，有殊寵，生子常洵，進封皇貴妃。而王恭妃生皇子已五歲，不益封，中外藉藉。

丁亥，十五年，三月。

詔撦力克襲封順義王。○注：初俺答死，子乞慶哈襲。至是，乞慶哈死，子撦力克襲。

夏四月，旱。京師地震。秋七月，江南水。江北、山西、陝西、河南、山東旱。九月朔，日食不見。 冬十月，南京右都御史海瑞卒。 ○注：瑞力矯偷惰墨，望風解印去。贈太子太保，謚文①介。廣東瓊州人。		海瑞卒。	
戊子，十六年，春三月，詔改《景皇帝實録》，去郕戾王號，不果行。南畿、浙江、山西、陝西大饑疫。			
己丑，十七年，春正月朔，日食。			
庚寅，十八年，春正月，召見申時行等于毓德宮。			

①『文』當作『忠』。

夏六月。秋七月朔，日食。

辛卯，十九年，春閏三月，彗星見。夏四月朔，享太廟。○注：是後，廟祀皆遣代。六月，王錫爵罷。秋，畿内蝗。八月，申時行、許國罷。以趙志皋、張位爲東閣大學士。冬十一月。

命兵部尚書鄭雒經畧邊防。

遼東總兵李成梁罷。

青海酋火落赤犯邊。○注：青海，套部也。

壬辰，二十年，春二月。			哱拜據寧夏反，討平之。○注：哱拜，西部人。
夏四月。		總督河道尚書潘季馴罷。○注：四任治河，前後二十七年。	
五月。			倭陷朝鮮。
癸巳二十一年，春正月，召王錫爵復入閣。			
秋七月。八月，彗星見紫薇。		吏部尚書孫鑨罷。	
甲午，二十二年，春二月，皇長子黨[1]洛出閣講學。○注：時已十四[2]歲。河南饑。		吏部郎中顧憲成削籍。○注：憲成既廢，名益高。里故有東林書院，爲宋楊時講道處，憲成偕同志高攀龍、錢一本、	

①「黨」當作「常」。 ②「四」當作「三」。

夏四月朔，日食。五月，以陳于陛、沈一貫爲二閣大學士。王錫爵罷。		鄒元標、趙南星等相繼講學，與政府相抗，是爲東林黨之始。	
秋八月。		以孫丕揚爲吏部尚書。	
冬十月。			炒花犯遼東，總兵董一元擊敗之。○注：炒花，速把亥之弟也。
乙未，二十三年，夏五月，京師地震。秋九月，復建文年號。淮水溢，浸泗州祖陵。冬十二月，湖廣饑。			青海酋永邵卜犯甘肅，參將達雲擊敗之。

丙申，二十四年，春三月，乾清、坤寧兩宫災。秋七月，仁聖皇太后陳氏崩。遣中官開礦。○注：自是，民不聊生，變亂逢起矣。閏八月朔，日食。九月，葬孝安皇后。

冬十二月，陳于陛卒。

丁酉，二十五年，夏六月，秋七月，赦。八月，京師地震。

冬十月。

陳于陛卒。

以黎惟潭爲安南都統使。○注：初，莫登庸請封，制下而登庸死，遂使其孫福海襲。已而，福海爲黎寧所逐，寧死，再傳至惟潭，攻殺福海。

戊戌，二十六年，夏六月，張位罷。○注：以薦楊鎬故也。秋八月，京師地震。

冬十一月。

己亥，二十七年，秋八月，陝西山崩。○注：狄道縣有山，長二白餘丈，聲如雷者，十數夜遂陷爲池。山南平地湧山五，高者二十余丈。

庚子，二十八年，春二月，京師地震。

其孫莫茂洽復據安南，茂洽死，國亂。鄭氏立黎暉後維邦，维邦死，子惟潭嗣，詔以惟潭爲都統使。自是安南復爲黎氏有，而莫氏惟據高平一郡。

倭遁去，官軍分道追擊，敗之。朝鮮平。

冬十月，兩畿盜起。			
辛丑，二十九年，夏五月，旱。六月，法司請熱審，不報。		罷山西巡撫魏允貞。○注：乞歸，未幾卒。晉人立祠祀之。	
秋八月。		復以李成梁鎮遼東。	
九月，趙志皋卒。以沈鯉、朱賡爲東閣大學士。		趙志皋卒。	
冬十月，立子常洛爲皇太子。	封子常洵福王，常浩瑞王，常潤惠王，常瀛桂王。		
壬寅，三十年，春二月，帝有疾，召沈一貫具詔除弊政。翼日，疾瘳，寢前詔。			

閏月，河州黄河竭。

癸卯，三十一年，春正月，營兩宫。夏四月朔，日食。五月，京師地震。秋七月，京師大雨雹。

甲辰，三十二年，夏四月朔，日食。五月，雷火焚長陵明樓。六月，太白晝見。秋七月，大雨水。

乙巳，三十三年，夏五月，雷震郊壇。鳳陽大風雨，毁陵廟。秋九月，京師地震。

丙午，三十四年，夏六月，畿内蝗。秋七月，沈一貫、沈鯉罷。冬十二月，棄六堡。○注：自是遼左藩籬盡撤。

丁未，三十五年，春二月，以于慎行、李廷機、葉向高爲東門大學士。秋八月，彗星見。冬十一月，于慎行卒。		于慎行卒。	
戊申，三十六年，春二月，京師地震。飭邊備。○注：是時，蒙古喀爾喀諸部悉歸我大清。夏六月。		李成梁罷。	
冬十一月，朱賡卒。		朱賡卒。	
十二月。			朵顏寇薊州，京師戒嚴。
己酉，三十七年，春二月，葉向高請發言官，章疏不報。			

①『門』當作『閣』。

庚戌，三十八年，夏四月，正陽門災。冬十一月朔，日食。

辛亥，三十九年，秋九月，户部尚書趙世卿上疏去位。

壬子，四十年，夏五月朔，日食。秋八月，以刑部尚書趙焕兼吏部尚書。○注：時曹署多空，六卿惟焕一人，户、工、禮三部，各一侍郎，都察院八年無正官，六科止數人，十三道皆以一人領數職，督、撫、監司亦屢闕不補，郡守缺什之五六。文武大選，急選官及四方教職，積數千人，以吏、兵二科缺掌印不給牒，久滯都下，時攀執政輿哀訴。九月，李廷機罷。

癸丑，四十一年，春三月。秋，大水。○注：兩畿、河南、山東、湖廣、江西、廣西俱大水。八月，以方從哲、吴道南爲東閣大學士。

詔卜失兔襲封順義王。○注：三十五年，撦力克死，孫卜失兔應嗣。

甲寅，四十二年，春二月，慈聖皇太后李氏崩。三月。夏六月，葬孝定皇后于昭陵。秋八月，葉向高罷。

福王常洵之國。○注：常洵，郭貴妃所生。初，廷臣請王之藩數十百奏，不報。迨王曰『乾訐奏有詛咒皇太子，欲擁立福王』者，帝不得已，始令之國洛陽，封賜獨厚。

乙卯，四十三年，春三月朔，日食。夏五月，男子張差持梃入慈慶宮，伏誅。

○注：下張差獄。張差詞連劉成、龐保，皆郭貴妃近侍也。于是，廷臣交章上请，直攻貴妃之弟國泰，且侵貴妃。太子以事連貴妃，大懼，具言于帝曰：『瘋癲之人，宜速決，毋株連。』并責諸臣妄言，遂磔張差于市。冬十月，京師地震。

丙辰，四十四年春，兩畿、山東、河南大饑。○注：是歲，陝西、山西旱蝗，江西、廣東、湖廣大水。三月朔，日食。

夏六月，天鼓鳴。○注：兵科給事中熊明遇疏言：入春以來，天鼓兩鳴于晉地，流星晝隕于清豐，地震二十八，天火九，石首雨菽，河内女妖，遼東兵端吐火，即春秋二百四十年間，未有稠于今日者。且山東大祲，人相食，

套虜犯延綏。

黄河水稽天，兼以太白經天，輔星湛没，熒惑襲月，金水逾行，或日光無芒，日月同暈，爲恒風，爲枯旱。天譴愈深，而陛下所行皆誣天拂經之事。此城禽息碎首、賈生痛哭之時也。敢以八憂、五漸、三無之説進。秋八月，皇太子出閣講學。○注：皇太子輟講已十有三年，及是，始命舉臣，然一講而輟，後不復舉矣。九月，兵部請治兵，不報。

丁巳，四十五年，秋七月朔，日食。吴道南罷。○注：道南，遇事有操執，通達政體，頗負時望。因言官詆欺，求去疏至二十七上，帝猶慰留，會母喪，乃歸居二年，卒。

戊午，四十六年，夏四月，京城濠水赤。○我大清兵克撫順。日中有黑子。閏月。

六月，京師地震。秋七月，我大清兵克清河堡。○茂陵災。冬十月，彗星見。

己未，四十七年，春正月，蚩尤旗見，長竟天。

三月，楊鎬帥師出塞，敗績。○注：爲我大清兵擊敗也。文武將吏前後死者三百一十餘人，喪軍士四萬八千五百餘人，亡失馬駄、甲仗無算。敗書聞，京師大震。言官交章劾鎬，逮下詔獄，論死。

起楊鎬經略遼東。

趙焕復爲吏部尚書。

楊鎬出塞，敗績。

夏六月，秋八月，廷臣伏文華門，請帝視朝發章奏，不報。

命熊廷弼經略遼東。○注：鎬既喪師，廷議以熊廷弼嘗按遼，熟邊事，命代鎬經略。

庚申，四十八年，春正月，朝鮮乞援。○注：是時我大清兵既破北關，降蒙古、宰賽等，進攻朝鮮。國王李琿上疏乞援，帝降勅慰之。夏四月，皇后王氏崩。秋七月，帝崩。八月，太子常洛即位。庚申，光宗貞皇帝泰昌元年。○注：左光斗請以今年八月以前爲萬曆，八月以後爲泰昌。罷天下礦稅及鹽稅中官。起用建言得罪諸臣。

以史繼偕、沈㴶爲東閣大學士。○注：神宗末，廷推閣臣給事中亓詩教等，以㴶及繼偕名上疏，未發。至是，帝召用之。明年六月，㴶至。十月，繼偕至。帝有疾。○注：内醫崔文昇下泄藥，帝由此委頓。楊漣劾文昇用藥之誤。以何宗彦、劉一燝、韓爌、朱國祚并爲東閣大學士，召葉向高復入閣。帝召見方從哲等于乾清宫。九月朔，崩。○注：召諸臣入諭，以國事復趣。册封李選侍。已而，鴻寺丞李可灼進紅丸藥，帝服之，是夜崩。

皇長子由校即位。○注：廷議改明年爲天啟元年，時劉一燝、韓爌、周嘉謨念內廷惟王安足倚引與共事，安亦傾心向之。內閣吏部所奏請，無不從。發內帑，抑近侍，搜拔賢才，中外欣然望治。冬十月，葬定陵。以孫如游爲東閣大學士。十二月，方從哲罷。

熹宗悊皇帝。○注：名由校，光宗之子，在位七年，壽二十四歲。

賜太監魏進忠世廕，封乳母客氏爲奉聖夫人。○注：進忠初爲帝母王才人典膳，因魏朝以結王安與乳媪客氏私帝，嗣位，進忠、客氏并有寵廕。罷熊廷弼，以袁應泰經略遼東。○注：廷弼有膽略，知兵。前按遼時即持守議爲經略，主守益堅。然性剛，好嫚罵，物情不甚附，故御史顧慥等先後劾之。廷弼憤甚，抗疏求罷，朝議以應泰代之。

辛酉，天啟元年，春二月，遼陽有數日并出。閏二月，孫如游罷。三月，我大清兵取瀋陽、遼陽。經略袁應泰、巡按御史張銓等死之。○注：我大清兵薄瀋陽，降軍内應，城破。總兵賀世賢、副將戚金等皆戰死。應泰等并力守遼陽。大清兵掘城西閘，洩濠水，塞城東水口，擊敗諸將。渡濠，薄城，從小西門入。應泰佩劍印，自縊死。大清兵循海而南，海、蓋、金、復四衛人多航海，竄走山東，其不能達者，栖止各島問[①]，都司毛文龍至皮島，招集逃民爲兵，聯接登州爲犄角，計朝議是之。然所募，皆市井烏合，臨陣光走，甚者遁爲盜，奸民揭竿從之，中原自此多事矣。

①「問」當作「間」。

夏四月，立皇后張氏。

六月。

以王化貞巡撫廣寧。太監魏進忠矯詔，殺司禮王安。○注：忠與客氏忌安持正，故矯詔殺之。帝性機巧，好親斧鋸椎鑿髹漆之事。每引繩削墨，忠輒奏事。帝厭之，謬曰：『朕已悉矣，汝輩好爲之。』進忠因得擅威福。

起熊廷弼經略，以張鶴鳴爲兵部尚書。○注：巡撫王化貞與經略熊廷弼不和，廷弼爲化貞所牽制，無所措其手，

秋九月，葬慶陵。

冬十二月。

壬戌，二年，春正月，我大清兵取西平堡。王化貞棄廣寧，與熊廷弼走入關。

而尚書張鶴鳴力主化貞，議凡廷弼所奏請，輒從中沮格之，是以不能無悞疆事。

罷吏部尚書周嘉謨。

王化貞棄廣寧，與熊廷弼走入關。

永寧蠻奢崇明據重慶反。○注：殺巡撫徐可求，及道府總兵等五十餘人。陷瀘州、遵義，進圍成都、石砫。女土司秦良玉援成都，圍遂解。

二月，以孫承宗爲東閣大學士兼領兵部。三月，劉一燝罷。帝閲武于禁中。夏四月，大雨雹。〇五月有星隨日晝見。

六月。秋七月，沈㴶罷。

八月。

以毛文龍爲平遼總兵官。

以孫承宗總略薊、遼。〇注：承宗自請督師，既至關，定軍制，申明職守，前後築城堡數十，練兵十一萬，造鎧仗數百萬，開屯田五十頃。會我大清兵不深入，而承宗防守嚴，亦少敗衄，軍聲頗振。

九月，增田賦。

冬十月。

癸亥，三年，春正月，以顧秉謙、朱延禧、朱國楨、魏廣微并爲東閣大學士。遣中官刺邊事。三月，太白晝見。夏四月，京師地震。朱國祚罷。秋七月，史繼偕罷。客氏、魏忠賢殺光宗選侍趙氏，幽裕妃張氏于別宮，殺之。

封弟由檢爲信王。

左都御史鄒元標、副都御史馮從吾罷。

紅毛夷據澎湖。

○注：荷蘭人。自神宗末，據臺灣地，後又據澎湖，犯漳州，已復入廈門，會加澳官軍禦却之。仍築澎湖以居。

冬十月。

十二月，地震。○注：兩京、鳳陽、蘇、松、淮、揚、泗、滁同日俱震。括天下庫藏輸京師。

甲子，四年，春正月，日赤無光，旁有黑子。夏六月，秋七月，葉向高罷。河決徐州。封光宗選侍李氏爲康妃。

冬十月。

以趙南星爲吏部尚書。

魏忠賢提督東廠。○注：忠賢即進忠。

杖殺工部侍郎萬燝。○注：以疏魏忠賢也。

罷吏部尚書趙南星、左都御史高攀龍。

十一月，韓爌罷。十二月，朱國禎罷。	乙丑，五年，春正月，夏四月，太白晝見。 六月，朱延禧罷。	
削吏部侍郎陳于庭、副都御史楊漣、僉都御史左光斗籍。	崔呈秀復爲御史。○注：忠賢用爲心腹。	逮前副都御史楊漣，僉都御史左光斗、給事中魏大中、御史袁化中、太僕少卿周朝瑞、陝西副使顧大章下獄，殺之。削前吏部尚書趙南星籍。

秋八月，毁天下講學書院。以周如磐、丁紹軾、黄立拯、馮銓并爲東閣大學士。魏廣微罷。

冬十月。十二月，榜東林黨人姓名示天下。

丙寅，六年，春正月，作《三朝要典》。三月。

○注：魏忠賢向欲殺漣等，又聽徐大化之言坐漣等，受熊廷弼賄，下獄論死。

殺前遼東經略熊廷弼。

罷孫承宗，以高第代爲經略。

高第罷，以王之臣督師，袁崇焕巡撫遼東。

夏四月，丁紹軾卒。

六月，京師地震。

閏月，馮銓罷。

逮前左都御史高攀龍，吏部員外郎周順昌、蘇松巡撫周起元，諭德繆昌期，御史李應昇、周宗建、黄尊素。潘龍自沉于池，順昌等下獄，皆殺之。○注：忠賢欲殺攀龍等七人，取織造太監李實空印牒爲疏，誣起元巡撫時乾没帑金十餘萬，日與攀龍等來往講學，遂矯旨分逮諸人。丁紹軾卒。

建魏忠賢生祠。

秋七月，以施鳳來、張瑞圖、李國普爲東閣大學士。九月，顧秉謙罷。

冬十月。

丁卯，七年，春二月。

夏五月。

秋七月。

進魏忠賢爵上公，從子良卿寧國公。

召王之臣還。

監生陸萬齡請祠魏忠賢于國子監，許之。

罷袁崇煥，以王之臣代之。封魏忠賢從孫鵬翼爲安平伯加少師，從子良棟爲東安侯加太子太保。

八月，帝崩。信王由檢即位。九月，立皇后周氏。冬十月，南京地震。

十一月。十二月，以錢龍錫、李標、來宗道、楊景辰、黃①道登、劉鴻訓并爲東閣大學士。

壯烈愍皇帝。○注：名由檢，熹宗之弟。在位十七年。戊辰，崇禎元年，春正月，尊熹宗皇后爲懿安皇后。三月，葬德陵。施鳳來、張瑞圖罷。

良卿加太師。○注：良棟、鵬翼尚在襁褓，良卿至代天子享南郊，祭太廟。于是天下知忠賢欲竊神器矣。

魏忠賢、崔呈秀及客氏等皆伏誅。

起周嘉謨爲南京吏部尚書。○注：諸忤璫逮死，若楊漣、左光斗、魏大中、周順昌等卹贈有差，嘉謨在位踰年，卒。

①「黃」當作「周」。

夏四月，五月，李國普罷。〇注：卒謚文敏。毁《三朝要典》。〇注：倪元璐上言曰：『梃擊、紅丸、移宮三議，閧[1]于清流，而《要典》成于逆豎。其議可兼行，而其書宜速毁。』從之。六月，來宗道、楊景辰罷。秋七月，浙江海溢。九月，京師地震。

以袁崇焕督師薊遼。

海寇鄭芝龍降。〇注：芝龍，福建人。降後擊殺大寇李魁奇、鍾斌、劉香[2]，海氛漸息。巡撫熊文燦善遇之。

①『閧』與『哄』同。②『香』下當補『老』字。

冬十二月，召韓爌復入閣。

陝西饑，流賊大起。○注：先是閹黨喬應甲巡撫陝西，朱童蒙巡撫延綏，皆貪黷，不卹民。又連歲大祲，白水賊王二，府谷賊王嘉允，宜川賊王左掛等，一時并起，攻城堡，殺官吏。安塞馬賊高迎祥，自稱闖王。飢民王大梁等應之，三邊飢軍亦群起爲盜。又驛站被裁，冗卒無所得食，皆從賊。

己巳，二年，春正月，定逆案。○注：自魏忠賢、客氏外，首逆同謀崔呈秀、魏良卿等六人，交結近侍，秋後處決者梁夢環等十九人，以次充軍、徒贖，革職閑住凡六等共二百餘人，詔示天下。

以楊鶴總督三邊，捕流賊。

①『允』當作『胤』。

夏五月朔，日食。

六月。

冬十一月。我大清兵下遵化，遂薄燕京。○注：我大清文皇帝親統大軍入洪山口，别將克大安口，會于遵化山海關，總兵官趙率教、巡撫王元雅等死之。自順義西薄都城，尋下良鄉，迴軍盧溝橋，進逼永定門，京師大震。以成基命爲東閣大學士。

十二月，錢龍錫罷，以周延儒、何如寵、錢象坤并爲東閣大學士。

庚午，三年，春正月，韓爌罷。

二月，立子慈烺爲皇太子。

袁崇焕殺毛文龍于雙島。

下督師袁崇焕于獄。○注：以朝士都人疑其縱敵而謗之也。

三月，李標罷。夏五月，我大清兵東歸。○注：先是我大清兵取遵化、永平等處，皆留兵防守，及東還，分兵取山海關，守將官惟賢力戰，乃還攻撫寧、昌黎，京師道梗。我清兵遂棄永平，出冷口而歸。

六月，以温體仁、吴宗達爲東閣大學士。

流賊陷府谷。○注：賊師王嘉允掠延綏、慶陽，陷府谷，又有神一元、不沾泥等，凡十餘部，旋撲旋熾。張獻忠聚衆反，巡撫洪承疇擊敗之，獻忠遁。○注：獻忠，陝西延安衛柳樹澗人。與李自成同歲，生性狡譎，嗜殺，一月不殺人，輒悒悒不樂。

秋八月，殺前督師袁崇焕，逮前文淵閣大學士錢龍錫下獄，遣戍。冬十二月，增田賦。

辛未，四年，春四月，旱。六月，錢象坤罷。秋八月，我大清兵圍大凌城，祖大壽偕諸將降。何如寵罷。

九月，

殺前督師尚書袁崇焕。

副將曹文詔敗賊于河曲。○注：王嘉允久據河曲，文詔敗之，嘉允遁。已而，爲左右所殺。其黨共推王自用爲魁，自用結群。賊高迎祥、張獻忠等共三十六營，衆二十餘萬聚山西。李自成自延綏往依之，號闖將。

以洪承疇總督三邊軍務。

冬十月朔，日食。

十一月。

閏月。

壬申，五年，夏五月，以鄭以偉、徐光啟爲東閣大學士。

秋八月。

孫承宗罷。

登州遊擊孔有德反。○注：有德與耿仲明，皆毛文龍帳下卒也。文龍死，走入登州，巡撫孫元化用爲遊擊。大凌圍急，元化遣有德赴援，抵吴橋，遂反，未幾，降于大清。廣鹿島副將尚可喜遣人齎書瀋陽納欵，清以爲總兵。

副將曹文詔等連敗賊于平涼、慶陽。

九月。		流賊連陷山西州縣。○注：高迎祥、羅汝才、張獻忠等。	
癸酉，六年，春正月。		總兵曹文詔擊山西賊，屢敗之。	
二月。		流賊犯畿南、河北。	
夏六月，鄭以偉卒。周延儒罷。秋七月，我大清兵取旅順。九月，以錢士升爲東閣大學士。		鄭以偉卒。	
冬十月，徐光啟卒。		徐光啓卒。	
十一月，以王應熊、何吾騶爲東閣大學士。		賊渡河，分掠南陽、汝寧，遂犯湖廣。	

甲戌，七年，春正月。三月朔，日食。秋七月，我大清兵入上方堡，至宣府，京師戒嚴。○注：我太宗文皇帝親征察哈爾，旋師入大同、宣府，下城堡數十。

冬十一月。

乙亥，八年，夏六月。

○注：賊始起陝西，高迎祥最强，李自成屬焉。及渡河，自成始别爲一軍。

以陳奇瑜總督河南、山、陝、川、湖軍，將討流賊。

逮陳奇瑜下獄，以洪承疇代之。

賊復走陝西，總兵官曹文詔等戰死。

秋七月，以文震孟、張至發爲東閣大學士。			
八月。		以盧象昇總理江北、河南、山東、湖廣、四川軍務，討流賊。	
九月，王應熊罷。冬十一月，何吾騶、文震孟罷。		洪承疇破賊于渭南。	
丙子，九年，春正月，以林釬爲東閣大學士。		盧象昇敗賊于滁州。	
二月。		寧夏兵亂，殺巡撫王楫。	
三月。		賊高迎祥、李自成復入陝。	
夏四月，罷錢士升。			
六月，林釬卒，以孔貞運、賀逢聖、黃士俊并爲東閣大學士。		林釬卒。	

秋七月朔，日食。○我大清兵入塞，入昌平，連下畿内州縣，詔徵諸鎮兵入援。		陝西巡撫孫傳庭擊高迎祥于盩厔，擒之，送京師伏誅。	
八月，我大清兵東歸。	唐王聿鍵起兵勤王，廢爲庶人，錮之鳳陽。		
九月。		以盧象昇總督宣大、山西軍務。	
丁丑，十年，春正月朔，日食。二月，我大清兵下朝鮮。○注：克王京，圍國王李倧于南漢山城，已復破江華島，倧奉表出降，與明絶。			

三月。夏六月，温體仁罷。兩畿、山西大旱，山東、河南蝗。秋八月，以劉宇亮、傅冠、薛國觀爲東閣大學士。

冬十月。十二月，黃士俊罷。

戊寅，十一年，春三月，賀逢聖罷。夏四月，張至發罷。六月，孔貞運罷，以楊嗣昌、程國祥、方逢年、蔡國用、范復粹并爲東閣大學士。嗣昌兼掌兵部。

起楊嗣昌爲兵部尚書。

李自成犯四川。

張獻忠僞降，總理軍務，熊文燦受之。

八月，傳冠罷。

九月，我大清兵入塞，燕京戒嚴。○注：時楊嗣昌與高起潛主和，盧象昇主戰，議不合。大清兵分三路下。是冬，下畿輔城四十八。前大學士高陽、孫承宗死之。明年春，下山東州縣十有六，執德王由樞，布政使張秉文等死之。

冬十二月，方逢年罷。

己卯，十二年，春正月。二月，劉宇亮罷。三月，我大清兵出青山口。

夏四月，程國祥罷。

洪承疇大破李自成于潼關。

盧象昇兵潰于鉅鹿，死之。

以洪承疇總督薊遼軍務，孫傳庭總督保定、山東、河北軍務，尋下傳庭于獄。

總兵左良玉敗賊于鎮平關。

五月，以姚明恭、張四知、魏照乘并爲東閣大學士。六月，畿内、山東、河南、山西旱蝗。秋八月，命楊嗣昌督師討賊。

庚辰，十三年，春二月。

夏四月，以謝陞、陳演爲東閣大學士。

五月，姚明恭罷。六月，薛國觀以罪免，尋賜死。

張獻忠復叛。

官軍大敗張獻忠于太平。

逮江西巡撫解學龍及黄道周下獄，尋遣戍。

石砫女官秦良玉敗羅汝才于夔州。○注：汝才犯夔州，良玉連敗之，斬千餘級，奪汝才大纛，擒其渠六人。汝才走大寧。

秋七月。

九月。

張獻忠與羅汝才合，官軍敗績于夔州。

李自成走鄖均，張獻忠陷州。○注：時河南斗穀萬錢，民盡起爲盜。杞縣舉人李信者，逆案中尚書李精白子也。嘗出粟賑飢民，民德之。會繩妓紅娘子作亂，擄信去，强委身事之。信不從，逃歸。有司疑其爲内應，執下獄，紅娘子來救，城中民應之，共出信往歸自成，改名巖。盧氏舉人牛金星，磨勘被斥，歸自成，爲主謀，薦卜者宋獻策，長三尺餘，上圖讖云：『十八子，主神器。』

冬十一月，南京地震。十二月，兩畿、山東、河南、山西、陝西饑，人相食。

辛巳，十四年，春正月。

二月。

三月，我大清兵圍錦州。秋七月，洪承疇援錦州次松山。○注：錦州圍久，承疇先後調馬科、吳三桂等，凡入大將兵十三萬，進次松山。

洛陽城陷，福王常洵死。

襄陽城陷，襄王翊銘死。

自成大悦。嚴因説自成勿殺人，散所掠財物，賑飢民。復造謡詞曰：『迎闖王，不納糧。』于是從賊者日衆。

張獻忠復東走。

李自成陷河南。殺福王常洵。

張獻忠陷襄陽，殺襄王翊銘。

楊嗣昌自殺。○注：聞襄陽、洛陽陷，憂懼不食，死。

我太宗文皇帝親督戰。王樸、吴三桂等俱夜遁，軍士被邀擊，死者無算。曹變蛟走入松山，與承疇堅守。臨清運河涸，京師大疫。

八月。

九月，召周延儒、賀逢聖復入閣。

冬十月朔，日食。

十一月。

壬午，十五年，春二月，我大清兵克松山，洪承疇降，遂下錦州。

南陽城陷，唐王聿鏌死。

左良玉敗張獻忠于信陽。

陝西總督傅宗龍軍潰于新蔡，死之。

李自成陷南陽，殺唐王聿鏌，總兵官猛如虎，死之。

陝西總督汪喬年軍潰于襄城，死之。

〇注：松山圍久食盡，督師范制完不能救，城破。巡撫邱民仰、總兵官曹變蛟等死之。承疇與總兵祖大樂皆降。寧遠關門勁卒盡喪。祖大壽遂以錦州降。杏山、塔山皆下。帝論諸逃將罪，誅王樸，鐫吴三桂三秩。时诸將多擁厚貲賂權要，故樸以外皆獲宥。夏四月，魏照承、謝陞罷。五月。六月，賀逢聖、張四知罷。以蔣德璟、黄景昉、吴甡并爲東閣大學士。秋七月。

張獻忠陷盧州。起馬士英總督盧鳳軍務。

左良玉兵潰于朱仙鎮，諸鎮皆潰。〇注：楊文岳合虎大威、楊德政、方國安及良玉，四鎮兵次朱仙鎮。良玉見賊盛，一拔走。拔營走襄陽，衆皆潰。

九月。冬十一月，我大清兵入薊州，連下畿南、山東州縣。○注：時關内外并建二督，又設二督于昌平、保定。又有寧遠、永平、順天、保定、密雲、天津六巡撫。寧遠、山海、中協、西協、昌平、通州、天津、保定八總兵。星羅碁布，無地不防，而事權反不一。警報至，急徵諸鎮人援。而我大清兵已克薊州，分道南下，河間以南多失守，至山東魯王以①派自殺。明年夏，我大清兵始北旋，帝憂甚，及我大清兵至懷柔，趙光抃合唐通、白廣恩等八鎮兵，邀戰于螺山，盡潰。總兵張登科、和應敗没。

李自成決河灌開封，城陷。○注：時河南郡邑無不殘破，朝廷不復設官。人多結寨自保，大者洛陽李際遇、汝寧沈萬登、南陽劉洪起兄弟，眾各數萬，諸小寨附之。

①『以』上當補『朱』字。

癸未，十六年，春正月。二月朔，日食。京師大疫。夏五月，以魏藻德爲東閣大學士。吳甡、周延儒罷。

	楚王華奎沉湖死。
李自成陷承天。○注：自成初無遠圖，所得城邑輒焚燬棄去，及灌開封，敗秦軍，群賊皆來附，乃脅崇王由櫍使從軍，陷荊襄諸郡，殺湘陰王儼[金尹]。遂犯承天，焚獻陵，徇下旁近州縣。自號奉天倡義大元帥，稱羅汝才代天撫民威德大將軍，衆各數十萬。自成尋襲殺汝才，并其衆，設官屬，僭號新順王。	張獻忠陷武昌，前文淵閣大學士賀逢聖死之。○注：以篋輿沉楚王華奎于東湖。逢聖方家居，載家人至礅子湖，鑿舟沉之，死者二十餘人。

六月，雷震奉先殿。秋八月。九月，黄景昉罷。冬十月。十一月，以李建泰、方岳貢爲東閣大學士。十二月，周延儒以罪賜死。			甲申，我大清世祖章皇帝順治元年。○注：明莊烈帝崇禎十七年。是年三月，流賊陷燕京。五月，我大清兵定京師。
吉王、惠王、桂王皆遁入廣西。			
張獻忠陷湖南諸郡。○注：獻忠據武昌，僭號西王，設官屬。	李自成破潼關，總督孫傳庭死之。遂陷西安、延安諸郡。		

春正月朔，明以范景文、邱瑜爲東閣大學士。

李自成僭號于西安。○注：自成僭稱王，國號順，改元永昌。設大學士以下官，封其夥黨爲侯伯。○自成，陝西米脂人也。崇禎初，秦中叠飢，會四方勤王，兵潰，因與飢民合嘯聚山中，其賊首有滿天星、闖塌天、過天星、不沾泥、八大王、混世王、横天一字王等號，蹂躪直省無虚日，殺戮之慘，天地爲黑。

張獻忠寇四川。○注：陷重慶，殺瑞王常浩。陷成都，蜀王至澍闔府死。自是蜀中郡縣俱没，賊大肆掠殺，幾無孑遺。後會大清兵至漢中，斬獻忠于順慶之金山鋪。

二月，明陳演罷。○注：演在閣惟以賄聞。初賊入山西，薊遼總督王永吉請移寧遠，總兵吴三桂于關門選士卒，策應京師。演與魏藻德堅持不可。後賊逼，演不自安，且謀脱難，遂引疾去。帝叱之出。曰：『汝死不足蔽辜！』京師陷。演與魏藻德、方岳貢、邱瑜俱降賊，後皆爲賊所殺。

三月，明蔣德璟罷。李自成陷京師，明帝崩于萬歲山，大學士范景文等死之。

帝兄福王由崧稱宏光于江寧，爲乙酉五月而亡。

李自成陷太原，遣别將犯畿南，陷真定。李自成陷寧武關，明總兵官周遇吉力戰，死之。○注：自成至關，遇吉悉力拒守，已而，馬蹶被執，罵賊死，闔室自焚。自成嘆曰：『使守將盡如周將軍，吾安得至此？』

李自成陷居庸關，明中官杜之秩叛，以關降。

○注：丙午，日晡，外城陷。明帝登萬歲山，望南城烽火徹天，嘆息曰：『苦我民耳！』遂命分送太子、定王、永王于外戚周、田二家，劍擊長公主，令皇后自盡。翌日昧爽，内城陷，鳴鐘，集百官，無至者。帝復登山，書衣襟爲詔曰：『朕涼德藐躬，上干天咎，然皆諸臣誤朕。朕無面目見祖宗，自去冠冕，以髮覆面，任賊分裂，勿傷百姓一人。』以帛自經于壽皇亭。太監王承恩對縊。

夏四月，大軍破李自成于山海關。

○注：初，明吴三桂奉詔入援至山海關，聞燕京陷，猶豫不進。自成執其父襄，令作書招之。三桂欲降，及聞愛妾爲賊所掠，大憤，急遣使乞降于我朝，求其討賊。自成率衆東犯，我大軍入關，奮擊，大破賊，追北四十里，自成奔永平，殺吴襄，走還京師。

○注：時左良玉傳檄討馬士英，未幾而卒。既而，揚州城陷，史可法自殺。

五月，大軍定京師。○注：自成敗還，僭帝號于武英殿，遂焚九門城樓，挾太子、二王西走。大兵至下，令安輯百姓，以禮葬崇禎帝后及熹宗懿安后。

李自成奔山西。○注：通城羅公山邨民殺之。或曰自成在黔陽邨民殺之。

圖書在版編目(CIP)數據

歷代一統表 / (清) 段長基著 ; 王彩琴, 晁會元,
扈耕田整理. -- 北京 : 文物出版社, 2021.1
ISBN 978-7-5010-6973-6

Ⅰ. ①歷… Ⅱ. ①段… ②王… ③晁… ④扈… Ⅲ.
①地理沿革－中國 Ⅳ. ①K901.9

中國版本圖書館 CIP 數據核字(2020)第 269797 號

歷代一統表之一歷代統紀表

清·段長基　著

主　　編：王彩琴
副 主 編：晁會元　扈耕田
點　　校：王彩琴　張　虹　張　艷　席德育
責任編輯：李縉雲　劉永海
責任印製：陳　傑
出版發行：文物出版社有限公司
地　　址：北京市東城區東直門内北小街 2 號樓
郵　　編：100007
網　　址：www.wenwu.com
郵　　箱：web@wenwu.com
印　　刷：曲阜孔家印務有限公司
經　　銷：新華書店
開　　本：16
印　　張：217.5
版　　次：2021 年 9 月第 1 版
印　　次：2021 年 9 月第 1 次印刷
書　　號：ISBN 978-7-5010-6973-6
定　　價：2900.00 圓